櫻井幸雄の
人生スマイル相談室

悩みのお手入れ

スッキリ　やさしく　あたたかく

住宅評論家・人生相談家
櫻井幸雄 著

法研

はじめに

私が住宅評論家の道を歩《あゆ》み始めたのは、「住宅ジャーナリスト」の肩書きを付けた名刺《めいし》を作った2000年4月からだ。20世紀の最後の年、初めて出した本『誠実な家を買え』がラジオ局の文化放送の目に留《と》まり、「チャレンジ梶原《かじわら》放送局」という番組で毎週水曜日に20分枠《わく》の出演をするようになった。

その番組では、インターネットサイトで聴取者《ちょうしゅしゃ》から家に関する質問を受け付け、それに答える役割を受け持たせてもらった。

毎回30以上の質問が集まり、その中から番組で取り上げることができたのは4つか5つ。それだけでは申し訳ないと、私は番組終了後、取り上げることができなかった質問にすべてサイト内で回答した。

中には、「すみません、ぬか漬《づ》けのおいしい作り方はわかりません」というようなものもあったが、大半に回答し、それは、1年半続いた。最後は、2001年9

月末。ニューヨークの世界貿易《ぼうえき》センタービルの事件が起きた直後までだった。

その後、2004年からは、インターネットサイトで、住宅購入に関する「何でも疑問解消サービス」という有料相談をはじめ、月に10本程度の質問に約5年間答え続けた。

さらに、2017年からは、長谷工《はせこう》アーベストという不動産会社のサイトで、「櫻井幸雄の人生相談」というコーナーを持たせてもらった。それは、住宅購入に関する質問がメインになっているのだが、中には住宅購入から離《はな》れた純粋《じゅんすい》な人生相談モノも含《ふく》まれている。

その人生相談が、出版社の目に留まり、今回、人生相談の本を書かせていただいた。本をまとめるにあたり、一部、長谷工アーベストのサイトに載《の》せた内容を、再掲載《けいさい》している。

それを許可してくださった長谷工アーベスト並びにご質問者に謝意《しゃい》を表したい。

ありがとうございます。

住宅評論家がいきなり人生相談を始めた、と思われがちなのだが、思い返してみると、途切《とぎ》れがちながら道はつながっていた。

20年前、ラジオ番組に集まったすべての質問に回答したことが今日につながったと思うと感慨深《かんがいぶか》い。

さらにいえば、私は大学で文学部心理学科に在籍《ざいせき》していたのだが……ほとんど勉強しなかったので、その経歴《けいれき》は胸を張って主張しにくい。一応、心理学士の卒業証書は、どこかに眠っているはずである。探す気にもなれないが……。

住宅評論家として道を歩み始めてから20年が経《た》ち、コロナ禍《か》で社会が大きく変わる時期、そして65歳のシニア境界線《きょうかいせん》を越えて1年経った今、「人生相談家」という看板《かんばん》を新たに掲《かか》げさせていただくことになった。

時代を楽な時期、苦しい時期に分ければ、２０２０年を苦しい時期と感じている人は少なくないだろう。

その苦しさのほんの一部でも楽にすることができる本になってくれれば、と願ってやまない。

山川玲子さん

遊佐康人さん

東大宮、苦楽園口、美しの森、二条、武蔵浦和、中央林間……

元気に飛び回った日々の輝きに。

もくじ

●はじめに……2頁

相談ファイル 1
理想的なスペースで大好きな料理ができるのに
最近なんだか張り合いがない
13頁

相談ファイル 2
旦那に激怒!
離婚したいけど将来に不安　どうすればいい?
20頁

相談ファイル 3
最近よく物忘れをする
歳だから仕方がないと諦めるしかない?
27頁

相談ファイル 4
テレワークが性に合わない
どうやったら家でも仕事に集中できる？
36頁

相談ファイル 5
マンションを購入したいが住みたいエリアが特にない
どうやって選べばいい？
46頁

相談ファイル 6
頭に血が上りやすい
どうしたらすぐに怒らずにいられる？
53頁

相談ファイル 7
家が手狭になってきた
トランクルームを借りるのはどう思う？
63頁

相談ファイル 8
田舎にある実家と都会にあるマンション
どちらを取るべき？
70頁

相談ファイル 9
退職したら気が晴れない
これから妻と二人の生活 どう過ごせばいい？
77頁

相談ファイル 10
親が残した古い一戸建て
そこに引っ越して一人暮らしするのはアリ？
87頁

相談ファイル 11
軽い気持ちの浮気相手が本気になってしまった
どうおさめればいい？
96頁

相談ファイル 12
住宅ローンの審査に落ちてしまった
妻にどう話せばいい？
107頁

相談ファイル 13
お節介な隣人にうんざり
適度な距離を保つためのいい方法はない？
113頁

相談ファイル 14
再婚をすることになった
離れて暮らす子供にどう伝えたらいい？
121頁

相談ファイル 15
長いこと服を買っておらず買い方がわからない
どうすればいい？
128頁

相談ファイル 16
娘の様子が気になり心配
心を開いてくれないときはどう接すればいい？
141頁

相談ファイル 17
最後の転勤にあわせて住宅の購入を検討したい
最良の老後の住まいは？
147頁

相談ファイル 18
結婚を決めた彼がまさかの猫アレルギー
どうすればいい？
155頁

相談ファイル 19
叔父の住まいがゴミ屋敷になってしまった
何かいい解決策は？
164頁

相談ファイル 20
夫の転勤が決まり困惑
今の場所を離れたくないが一緒についていくべき？
171頁

相談ファイル 21
買い物好きで貯蓄できない
浪費癖を治すための何かいい方法はない？
177頁

相談ファイル 22
離婚は避けられないが息子のことが気がかり
どうすればいい？
185頁

相談ファイル 23
リゾートマンションが欲しいと夫が言い出した
気を付けた方がいいことは？
198頁

相談ファイル 24
シニアになって初めてLINEデビュー
知っておくべき心得は？
206頁

相談ファイル 25
別れるべき？
プロポーズしてくれない交際歴8年の彼
218頁

相談ファイル 26
マンションを買いたいが夫と間取りで意見が合わない
何か解決策はない？
224頁

相談ファイル 27
住み替えを検討中
娘夫婦に自立してほしいがどう説得すればいい？
233頁

相談ファイル 28
人を呼べる程度にはきちんと片付いた家にしたい
上手な片付けのコツは？
239頁

相談ファイル 29
購入と賃貸で意見の相違 マンションに住むならどちらがいいの？ 254頁

相談ファイル 30
会社を辞めて独立し自分の力を試したいが 独立すると苦労する？ 261頁

相談ファイル 31
両親が海外移住を検討中 応援してあげたいけど不安もあり複雑な心境 270頁

相談ファイル 32
まだ完成前のマンション 実物を見ないで購入しても大丈夫？ 279頁

●おわりに …… 284頁

相談ファイル No.1

理想的なスペースで大好きな料理ができるのに最近なんだか張《は》り合いがない

腕によりをかけて作った料理は、喜んで食べてもらいたいもの。料理好きな相談者は理想のキッチンを手に入れたにもかかわらず、家族の反応が薄《うす》いことに不満を覚え、張り合いをなくしてしまいました。それは贅沢《ぜいたく》な悩みかという問いに対し、櫻井先生は意外にも「おいしい」は訓練《くんれん》によって出る言葉と回答しました。

相談内容

こんにちは。39歳、2児の母です。

私は料理が好きで、10年以上前だから覚えていないでしょうが、住まい選びについて櫻井さんにアドバイスをいただいたことがあります。その節《せつ》はお世話になりました。今日はまた私の悩みを聞いてください。

1年くらい前に、念願《ねんがん》だったオシャレなアイランドキッチンのマンションに引っ越しました。収納が充実《じゅうじつ》していて、開放感があって、家族の顔がよく見える。そんな理想のスペースで行う料理は本当に楽しく、心から満足していました。

だから、自然と料理にも力が入っていたのですが、最近、張り合いがなくなってきてしまいました。なぜなら、最初のうちこそ、夫も子供もおいしそうに、喜んで食べてくれていたのですが、今ではすごく反応が薄いんです……。

私はおいしいものが好きだし、料理の腕が上がったと感じるのもうれしいです。

手間をかけることも苦じゃないし、無心《むしん》に料理をしているときの感覚も好き。でも一番うれしいのは、大事な人が「おいしい」って笑顔で食べてくれることなのかな。何の感想も言ってもらえず、「ただ何となく食べているだけ」みたいな家族の姿を見ていると、なんだかつまらないです。これって贅沢な悩みでしょうか？

（39歳　女性）

櫻井先生の回答

以前、ご質問いただいたのですね。

私は2004年から約5年間、インターネットサイトで有料の相談サービスを行っていました。それ以前に、ラジオの文化放送「チャレンジ梶原《かじわら》放送局」という番組で、1年半、コメンテーターとして出演。インターネットを通して寄せられた質問に答えていた時期もあります。そのいずれかで、住宅や暮らし方のご質問をいただいたのでしょう。

回答が役に立ったのであれば、私もうれしいです。

さて、今回は食事に関するご質問ですね。

私もたまには、料理を作ります。

そういうときは、「おいしい」と言ってほしいですね。女性は「おいしい」と思ったときは、必ずそう言ってくれます。自分がそう言ってほしいと願っているから、人が作ってくれた料理に対し、「おいしい」が口に出やすいのでしょう。

一方で、「おいしい」と口にする子供はテレビのCM以外では、まずいません。「おいしい」の代わりに、「これ、また作って」と言うことはありますね。「おいしい」に代わる、というかお世辞《せじ》ではない褒《ほ》め言葉といえます。

そして、子供の場合、食べ方を見るだけで、おいしいかどうかはすぐにわかるものです。

料理を口にして、「おいしい」と言えるかどうか、は訓練によると私は考えています。本能《ほんのう》として、「おいしい」ということはないのですね。

気に入った味で、「は〜」とか、「ふ〜」というため息が漏《も》れることはありますが、「おいしい」という言葉は、「そう言うのよ」と教え込まれないと、出てくるものではないと思うわけです。

だいたい、お乳《ちち》を飲んだ赤ちゃんが、ゲップをする前に、親指を立てて、グッドという表情をすることはありません。

やはり、「は〜」とか「ふ〜」というくらいです。

それでも、母親は大きな満足感を得ます。

「おいしい」は、訓練で出るようになる言葉……男の場合、その訓練は、親から仕込まれるか、妻から仕込まれるか、のいずれかです。

そして、厳《きび》しく訓練された男は、やたらに「おいしい」を連発《れんぱつ》するようになります。何を食べても「おいしい」「おいしい」と。これはこれで、食事を作る女性にとって、張り合いのない状況となります。

妻の知り合いの女性は、娘婿《むすめむこ》が「うまっ」「うまっ」と言いながら食べるのを見て、「馬に食べさせているみたいだ」とげんなりしていました。

「おいしい」とか「旨《うま》い」は、連発すればよいというものではないのですね。


ご質問者も、ぜひ訓練してみてください。「おいしい、と思ったときは、そう言ってね」と。言ってくれないときは、「おいしくないの？」と催促《さいそく》してください。

そして、「おいしい」と言われたら、素直に喜んでください。そのような努力で、理想とする食事時間ができあがります。


理想としては、自分が「おいしくできた」と満足している食事を、しみじみ「おいしいなあ」と射止《いと》めてくれることでしょう。

予想していなかった場面で「おいしい！」と言われ、改めて味わってみると、確かにおいしかった。それも、心の中で「ナイス一言」と叫《さけ》びたくなるシーンです。

ただ、これらのクリーンヒットは、滅多《めった》に出るものではありません。滅多に出るものではないので、たまに出ると、喜びも一入《ひとしお》となります。

私も訓練により、「おいしい」をよく口に出すようになったのですが、結婚生活も30年になると、妻は素直に喜んでくれなくなっているような……。

「今日は甘い味付けにしたから、おいしいと言うと思った」

所詮《しょせん》、あんたは甘いのが好きなのよね、と嗜好《しこう》を見透《みす》かされているようであり、単純な奴《やつ》と思われているようですが、まあ、それもいいでしょう。おいしいと思ったものを「おいしい」と言って何がわるい、と開き直る毎日なのです。

旦那《だんな》に激怒《げきど》！
離婚したいけど将来に不安
どうすればいい？

ダメな夫に愛想《あいそう》が尽《つ》きた。未練《みれん》はない。きっぱり別れてしまいたい。しかし、将来に不安がある。二人の子供を育てながら、十分な生活を送れるだろうか……そんな相談者の悩みに対し、櫻井先生が送るアドバイスは実に現実的。離婚に踏《ふ》み出す環境《かんきょう》が整《ととの》っていないなら、ダメな夫を再教育してみようというものでした。

相談内容

櫻井先生こんにちは！　43歳既婚《きこん》、保育園と小学校に通う二人の子供の母です。旦那に愛想を尽かし別れたいのですが、将来に不安があり悩んでいます。

平日は派遣《はけん》として働き、帰宅後や休日は家事や育児が待っており、毎日忙《せわ》しなく過ごしています。世にありふれたことかとは思いますが、そんな私に対し、休日でも家事も育児もせず、スマホゲームをする旦那。何度注意しても直ることはなく、挙句《あげく》には逆切れして今は一人で実家に戻っています。

こんな旦那にもう未練はありませんので、離婚を検討中。しかし、子供はまだ小さく、派遣の私が子供たちに十分な生活を送らせてあげることができるのか不安です。

現在住んでいる家は旦那名義で購入したものなので、家を追い出される可能性もあります。

家族や友人に相談してみましたが、離婚には賛否両論《さんぴりょうろん》。櫻井先生にもアドバイスをいただきたいです。

（43歳　派遣妻）

櫻井先生の回答

離婚を考えていらっしゃるのですね。

その気持ち、わかります。このままの生活を続けたら、自分の人生は何だったんだろう、と思ってしまう。あの人のために、自分の人生をムダ遣《づか》いするのは損《そん》だ。だから、別れてしまいたい……こうした気持ちを抱《いだ》いている人は世の中に多いものです。

そして、それが高《こう》じて実際に別れてしまう人もいますが、離婚を断念《だんねん》する人も多いことでしょう。その結果、人生の最後に後悔《こうかい》することも……。「たとえ苦労しても、あのとき勇気を持って踏み出せばよかった」と悔《く》やむわけです。

人間「実行した後悔」よりも「実行しなかった後悔」の方が深く、後を引くものです。あのとき一歩踏み出せばよかった。なぜ、踏み出さなかったのか。たった一度の人生なのに……。多くの人が人生の最後にそんな思いを持つといいます。

後悔したくなければ、足を前に踏み出しましょう。勝手な生き方をしている夫に目に物見せてやりましょう。どうだ、思い知ったか、と。そうできたら気分がいいでしょうね。溜飲《りゅういん》が下がる、とはまさにこのことと思えるでしょう。

さて、問題はその後です。小さな子供を二人抱《かか》えて、自立しなければなりません。母子家庭への援助《えんじょ》が大きい行政区に引っ越し、家賃の安い公共賃貸に住むとして、元夫から養育費が見込めるでしょうか？

きちんと養育費を払ってくれるような人間だったら、ご質問者もそこまで愛想を尽かすことはなかったと思います。今の家を売却《ばいきゃく》しても、ローンの残債《ざんさい》を支払えば、手元に残るのはわずかでしょう。

となると、離婚後は子育てをしながら、お金を稼《かせ》がなければなりません。これは、かなり困難《こんなん》な道となります。収入が途絶《とだ》えると、親子の生命の危機さえ招《まね》きかねません。そのようなリスクは、できれば避《さ》けたいですよね。


女性が子供を連れて離婚するには、次のような条件が必要です。

● 収入が見込める資格《しかく》や特技《とくぎ》、勤務先を有している
● 親の助け（お金と子育て両面）が見込める
● 次の結婚相手がいる

都合のよいことばかり挙《あ》げているようですが、二人の子供のことを考えると、それが現実というものです。

ご質問内容から推測《すいそく》すると、現実的なのは「親の助け」が得られるかどうか、ではないでしょうか。親御《おやご》さんも高齢でしょうから、直接金銭面の援助を受けること

は期待できないでしょう。それでも、親の家に住み、電気・ガス・水道と食費の一部を助けてもらう。そして、仕事に出ている間、子供を親御さんに見てもらう。それらが可能であれば、離婚に踏み出すことができるのではないでしょうか？

もし、それが無理なら……。別の方法を考えてみましょう。

ズバリ、ダメ夫の再教育です。

再教育といっても、スパルタ方式ではいけません。「家でスマホゲームに熱中している」というのは、現実逃避《げんじつとうひ》が想像《そうぞう》されます。もしかしたら、ご質問者が厳《きび》しいのかもしれません。

以前見たインドの映画で、こんな台詞《せりふ》が出てきました。

「短所や弱みを、決して責《せ》めたり、笑ったりしないのが家族だ」

よい言葉だと思いました。でも、ついそのことを忘れて、人は責めたり笑ったりしてしまいます。特に、配偶者に対してはきつく責めてしまいがちです。

ご質問者はいかがですか。欠点を改めてもらいたいという気持ちが強すぎないでしょうか。頭ごなしに短所を挙げ、だからアンタはダメだなどと決めつけていないでしょうか。そうしたことで手綱《たづな》を取ろうとしても、うまくいくものではありません。ぷいと横を向かれてしまいます。

かといって、むやみにおだてる必要もありません。

男にとって本当に効《き》くのは、「真摯《しんし》な願い」です。真剣《しんけん》に正面から涙を浮かべてお願いされれば、男の気持ちは簡単《かんたん》に変わるものです。照《て》れくさければ、手紙やメールで、「今日は、どうしても伝えたいことがあります」と切り出してもいいでしょう。

離婚に踏み切る前に、あと少しだけ、試《ため》してみてはいかがでしょうか。

相談ファイル No.3

最近よく物忘れをする
歳《とし》だから仕方がないと
諦《あきら》めるしかない？

シニアになると、昔と比べて忘れっぽくなってしまう人が多いようです。残念ながら、それが避《さ》けられないならば、それを踏《ふ》まえて日頃からどう行動するかが大切。自身も忘れっぽくなった自覚のある櫻井先生は、“シニアの物忘れ力”もわるいものではないと言いつつ、シニアの物忘れ対策を具体的に挙《あ》げてくれました。

相談内容

櫻井先生の住宅情報はわかりやすく、ためになり、いつも楽しく拝読《はいどく》しております。そんな櫻井先生が人生相談をやっていると知り、私の悩みを聞いてもらいたくなりました。よろしくお願いします。

最近、忘れっぽくなってしまい、困《こま》っています。

人の名前がすぐに出てこないとか、物をしまっておいた場所を思い出せないといったことは当たり前で、特に困るのは、最近よく忘れ物をするようになったことです。財布《さいふ》を持たないで出かけてしまったり、持っていったセカンドバックを忘れて帰ってきてしまったり、昔では考えられないような忘れ物をします。情《なさ》けないやら、恥《は》ずかしいやら……。

先日は息子夫婦がプレゼントしてくれたお気に入りの中折《なかお》れ帽《ぼう》を、どこかに置き忘れてきてしまい、結局、見つからず本当にショックを受けました。

気持ちはまだまだ若いつもりですが、歳だから仕方ないのでしょうか?

（71歳　男性）

櫻井先生の回答

忘れ物ですか……私もよくします。というか、よくするようになりました。若い頃は記憶力のよさだけが自慢《じまん》でしたが、年相応《としそうおう》に〝物忘れ力〟が高まってきたというところでしょう。

最初に驚《おどろ》いた忘れ物は「車」でした。

車で駅前まで行き、コインパーキングに車を停《と》めて、食事をし、銀行に寄《よ》って、とここまではよいのですが、最後に「歩いて帰宅」してしまったのです。家の駐車《ちゅうしゃ》スペースに車がない（当たり前です）のを見て、一瞬《いっしゅん》（言い訳するようですが、本当に一瞬です）、車を盗《ぬす》まれたとうろたえました。なんともお恥ずかしい話で、もう一度駅まで戻る道のりが遠いことといったら……。

それでも、忘れてしまった、という「しでかし」をすぐに思い出すこと、「忘れた」事実をすんなり受け入れることができればまだ大丈夫、とされますね。

忘れたことも自覚せず、空の駐車スペースを見て、なんとも思わずに家に入ってしまう。妻に「車どこに置いたの？」と聞かれて、「俺は知らない。オマエがどこかにやったんだろう」と怒りだしたら、それはもうマズイ状況であるようです。

とりあえず、「忘れた」という落ち度はすんなり認《みと》めています。

問題は、「どこに忘れたか」がときどきすんなり出てこないことです。

たとえば、朝、出かけようとしたら、玄関《げんかん》の鍵《かぎ》がみつからない。昨夜、帰宅時にどこに置いたものやら。

そんなとき、若い時分《じぶん》なら、昨夜の行動を逐一《ちくいち》思い出すことができました。鍵穴に差し込んだシーンを思い出し、家の中に入ったシーン、台所に入ったシーン、あ、そのとき電話の横にポンと置いたんだ、と思い出す。

それで、電話機のところに行くと、記憶に残っている形状《けいじょう》で、鍵が置いてある――

そのような思い出し方ができました。


今は、昨夜、帰宅したときのことが一切《いっさい》思い出せません。

昨夜雨が降《ふ》っていたのか、満月だったのか、どんな服と靴《くつ》を履《は》いていたのかも霧《きり》の中です。鍵をどこに置いたか、などハナから思い出せる気もしません。


でもねえ、と思います。

どこに忘れたか思い出せないのは、神が与えたシニアの特異能力ではないか、と。


ご質問者は帽子《ぼうし》をどこに忘れたか思い出せないと嘆《なげ》いていらっしゃいます。

しかし、忘れたことと忘れた場所をとっさに思い出したら、どうなったでしょう。

息子夫婦にプレゼントされた大事な帽子です。とんでもないことをしてしまった、と、忘れた場所に向かって駆《か》け出すのではないでしょうか。シニアにとって「慌《あわ》てて駆け出す」ことほど危険なことはありません。

足がもつれて転《ころ》ぶだけならまだしも、人にぶつかって自分も相手もケガをする、交通事故に遭《あ》う、など不測《ふそく》の事態《じたい》がいくつも想定《そうてい》されます。

見事に忘れ去るから、のんびりと家に帰ってこられたのです。

それでよかったのです。

物忘れしたとき、見事に忘れ去ってしまうのは、シニアの体を守ることにつながります。

ただし、物忘れのおかげで、探す時間は増えてしまいます。その際《さい》、どこに置いたか皆目《かいもく》見当が付かないことになるので、目処《めど》を付けずに、端《はし》から探してゆくことになります。結果、残りの人生において探し物に費《つい》やす時間が長くなるわけです。

他にやることもないので、時間つぶしになるから、探し物もよい、ともいえますが、残り少なくなった人生の大半を探し物に費やすのはあまり楽しいことではありません。

そのために、私は65歳を過ぎてから、いくつかのことを始めました。

まず、持ち物をなるべく少なくして、家の中での置き場をしっかり定めることです。

思い返すと、子供の頃、祖父母の部屋は物が少なく、いつも片付いていました。質素《しっそ》に暮らす世代だから、ということもあったでしょうが、それが、シニアにとって好ましい暮らし方だと知っていたからかもしれません。

家の中で持ち物の置き場所を定めて、財布はここ、時計はここと決められたところに収《おさ》める。さらに、余計なものを持たない生活を実践《じっせん》していたのですね。

もうひとつ、外出時の忘れ物対策について。

手持ちのバッグを持ち歩くと、忘れやすい……これは多くのシニアが身にしみていることでしょう。

先日も、駅前のラーメン・チェーン店に行き、小さなバッグをカウンター下の棚《たな》に忘れました。こういう棚に置くと、忘れるんだよな、と思いながら、案《あん》の定《じょう》、忘れてしまうから、嫌《いや》になります。

昼食時に忘れ物をしたことに、日が落ちてから気づくというタイムラグはお目こ

ぼしいただくとして、とにかく電話すると、それらしき物がある、と教えられました。早速、店に行くと、

「これが、今日のお忘れ物です」

と大きめのカゴをドンと出されました。中に、小さなバッグが7、8個……毎日毎日、年配《ねんぱい》の客がせっせと忘れてゆくようです。

「人間は忘れる生き物」とは、よく聞く言葉です。それには「忘れるから、生きて行けるんだ」という哲学的《てつがくてき》な示唆《しさ》が含《ふく》まれているのでしょう。確かに、忘れることで救《すく》われる年代もありましたが、それはすでに遠い話です。

65歳を過ぎたら、「人間は忘れ物をする生き物」と心得《こころえ》なければいけません。

だから、「持ち物は身につける」のが、シニアの正しい外出術です。具体的には、たすき掛《が》けするポシェットを使う。それが、シニアのライフスタイルとして定着し

ています。先日も薬局で薬待ちをしているとき、みなさん、そうしているなあと感心するシーンに出会いました。シニアばかり8人が待っていたのですが、8人が8人、バッグをたすき掛けしていたのです。

ポシェットをたすきにかけ、スマホも落下防止のため首からかける。そのスタイルで外出すると、当然ですが、肩がこります。対策として磁気《じき》ネックレスを追加すると、効果はどうなんだろう、というのが目下《もっか》の疑問《ぎもん》なのですが、残念ながらというか、幸《さいわ》いにというか、まだ試《ため》す気にはなれないでいるのです。

相談ファイル No.4

テレワークが性《しょう》に合わない
どうやったら
家でも仕事に集中できる？

ずっと環境《かんきょう》が整《ととの》ったオフィスで仕事をしてきた人が、突然テレワークに移行した場合、順応《じゅんのう》できなかったとしても不思議ではありません。「気が散《ち》って、仕事に集中できない」「オンとオフの区別がなくストレスが溜《た》まる」そんな悩みを訴《うった》える相談者に、会社勤務もテレワークも存分《ぞんぶん》に経験してきた櫻井先生の回答は？

相談内容

会社の取り組みとしてテレワークが始まりましたが、どうも性に合いません。接客業《せっきゃくぎょう》をしている友人に「うらやましい」と言われましたが、「どこがうらやましいの?」と思います。通勤できる方がよっぽどうらやましいし、うらやましいのは家で苦もなく仕事ができる人ですよ。


自分は気が散ってダメです。

まず、子供と犬。近寄ってきたら邪険《じゃけん》にできないじゃないですか。

それに職場だとまわりもみんな仕事しているから、「自分もやらなきゃ」って思えますけど、リビングですからね。ずっと生活してきた空間で、仕事のテンションにはなかなかなれません。しょっちゅう電話がかかってきて、見張られているような感じも嫌《いや》ですし。

これまで何てことなく通っていたオフィスですが、いかに仕事をするための環境が整っていたのかと思い知りました。

それでも、やらなきゃいけないことは待ってくれないから、夜遅く、家の中が落ち着いてきてから、切羽詰《せっぱつ》まった状態で片付けるなんてこともざらです。そんな感じの繰《く》り返しで、何とか仕事はこなしてきていますが、おかげでこのところ1日中仕事しているような感覚のため、すごく疲れます。

仕事とプライベートの区別がつかないのは本当にストレスで、最近はたまにある出社日が待ち遠しいです。

どうやったら、家でも集中して仕事ができるでしょうか？　レンタルスペースでも借りるしかないでしょうか？　仕事部屋を確保できるような広い家ならいいんですけどね。うちは2ＬＤＫでリビングは15畳と少し広めですが、ふたつの部屋は子供部屋と寝室になっていて、仕事部屋など作れるはずもなく……。

半分愚痴《ぐち》みたいになってしまいましたが、何かアドバイスをいただけないかと思います。

（36歳　会社員男性）

櫻井先生の回答

私は会社勤めからフリーライターを経《へ》て、また会社勤めをし、今の評論家となりました。社会人になってからの44年のうち、会社勤めをしていた時期が20年で、テレワークというかフリーワークが24年。両方をたっぷり経験しています。

その経験から、「会社勤めの人がテレワークをするのはキツいでしょう」と思っています。

というのも、会社勤めの人がテレワークするのは、フリーワーカーが自宅で仕事するのとは根本的に異《こと》なる部分が多いからです。

まず、フリーワーカーは、騒《さわ》ぐ子供の横でも仕事をしないと稼《かせ》ぎが入ってきません。そして、仕事をすればするほど、稼《かせ》ぎが多くなります。だから、世間一般の休日に仕事をしていることは苦痛ではありません。

休日に仕事をしているフリーワーカーを見て、会社勤めの人は、「よくやるよ」と思いがちです。休みの日は、休んだほうがよい、と。

「休める日は休んだほうがよい」と考えるのは、休んでも決まった月給が入ってくる人たちの特権《とっけん》です。

多くの場合、会社勤めの人は休日に仕事をしても、給料はさして増えません。その感覚があるので、休日に仕事をする人に対し、「よくやるよ」との思いが出てしまうのでしょう。

しかし、フリーワーカーの事情は異《こと》なります。

休日でもなんでも、仕事をすればするほど収入が増えます。逆に、仕事がなければとたんに収入が減ります。収入が減れば家族を路頭《ろとう》に迷《まよ》わせることになるので、大変です。だから、休日にも仕事をしなければならない状況、つまり仕事が多い状況は、むしろうれしいことになります。

以上の相違点《そういてん》があるため、会社勤めをしている人に、フリーワーカーのようにテレワークに励《はげ》め、というのは無理があるわけです。

そして、フリーワーカーは自宅で仕事ができるような環境を、時間をかけて作り上げます。

私の場合、自宅から100mほどのところでアパートを借りて、作業場にしています。朝、ほぼ決まった時間に作業場に行き、音楽をかけ、エアコンを付けて、パソコンを開いたら、メールの返信をしたり、原稿作成を始めます。

いきなり、仕事を開始できる環境と仕事スタイルが確立されているのです。

私のようなシニアになると、集中力と視力を保《たも》つことができる時間は3時間程度になるので、仕事がはかどるのは午前中だけ。午後は、集中力が落ちるので、打ち合わせや取材に出かけるようにしています。

同じように自宅で効率《こうりつ》よく仕事をこなすことを、会社勤めをしている人が真似《まね》しようとしても、それは無理です。

なんかやる気がしないなあ、とネットのニュースを見て、横に出てくるゴルフ道具のオークションをチェック。やっぱり新品だよな、とゴルフショップのオンラインショップに移動したり、YouTubeを見ているうちに、妻がコーヒーを入れてくれて、「一息入れたら」。

そうして、やらなければならない仕事が増えてゆき、ストレスも溜《た》まってゆく……ご質問者はそんな状況かもしれません。

その結果、人によっては「そういえば、子供の頃から、夏休みの宿題はコツコツできず、最後の3日でなんとかごまかし仕上げていた」ことを思い出し、自分は昔からダメな奴《やつ》なんだと劣等感《れっとうかん》にさいなまれたりします。

そうなると、ご質問者のように「私にはテレワークは無理」と会社に出勤する日々が懐《なつ》かしく思われるようになるわけですね。

参考までに申し上げると、私も子供時代、夏休みの宿題は手つかずで〝温存《おんぞん》〟したクチです。

でも、フリーワーカーになったら、ストレスなく仕事をこなすことができます。それは、仕事が楽しいから、いや、「自分にとって楽しいと思えること（具体的には原稿書き）を仕事にしたから」といったほうが正確でしょう。

会社勤めをしている人でも、「この仕事が好き」という人なら、テレワークもストレスなくこなすことができるでしょう。しかし、そんな人は少ないでしょう。

「好きというわけではなく、仕事だから行っている」人は、夏休みの宿題と同様に積《つ》み上げてしまうことになりがちです。

そういう人は、決められた時間に仕事場に行き、自分のデスクに座る、という「仕事モードに入る手順」というものが必要です。

家での宿題はやる気にならないが、学校に行き、自分の机に座れば、結構真剣《しんけん》に授業に没頭《ぼっとう》できる。もしくは、試験のときは、考え事など一切《いっさい》せず、いきなり問題に取りかかることができるのと同じですね。

ご質問者は、テレワークの上手な仕方を模索《もさく》しておられます。自宅でも、会社と同様に仕事ができるようにできないか、と。

これは、簡単《かんたん》ではありません。

夏休みの宿題を溜《た》めてしまう子供に、夏休み初日から宿題をやらせる方法、と同じくらい難《むずか》しいでしょう。

ご質問者はレンタルスペースを借りることを考えていらっしゃるようですが、それもお勧《すす》めできません。レンタルスペースや仕事場として賃貸を借りるのは、「仕事をしたい」という気持ちができてから、にすべきです。

家でのテレワークでも、次から次に仕事をこなしてゆける。でも、子供やペットが邪魔《じゃま》をする。この邪魔がなければ、もっと仕事ができるのに。邪魔が入らないスペースが欲しい、という気持ちが強いのなら、レンタルスペースやアパートを借りてください。

そうではなく、とりあえずレンタルスペースでも借りればやる気が起きるかも、という発想《はっそう》では、新たな場所でボーッとするだけ。借り賃がムダになります。

ご質問者は、「自分はテレワークに向かない」と自覚しました。確かに、オンとオフを明確《めいかく》に分けたほうが、自分の時間を楽しみやすくなる、という人は多いものです。

一方で、私のようにフリーワークが染《し》みついてしまうと、「完全オフ」を取りにくくなります。

たとえば、夕方にゴルフから帰宅しても、2時間くらい仕事場で作業をしてしまう。そういう体質になっているため、仕事を完全に忘れる日が滅多《めった》にありません。

それが幸せなこととは思っていません。しかし、まあ、そんな人生を私が選んでしまったということなのでしょう。

ご質問者は、そんな生き方は向いていないとわかりました。

これは収穫《しゅうかく》です。今後は、「私にはテレワーク、無理」と、ことあるごとに訴えてください。幸《さいわ》い、これから先、テレワークが全面的に広がるわけではありません。一部で採用《さいよう》される程度なので、テレワーク組から外《はず》れることは難しくないはずです。

家庭は、安らぎの場であって、仕事の場ではない……まさにそのとおりですね。あくせく仕事をする私自身に猛省《もうせい》を促《うなが》したいところです。

マンションを購入したいが住みたいエリアが特にないどうやって選べばいい？

マイホームを購入しようと思ったら、「どこに住むか」は大きなポイント。知らない場所を選んだ結果、後悔《こうかい》することになるのは避《さ》けたいものです。自分が好きと思える街に住めたら理想的ですが、お気に入りの街がない相談者は、マイホーム探しに積極的になれないでいます。櫻井先生が考えるエリア選びの基本とは？

相談内容

櫻井先生、はじめまして! 東京23区在住、夫婦二人暮らしの32歳男性です。

結婚して3年目、現在賃貸マンションに住んでいて「そのうち家を買いたいね」なんて妻と話をしているのですが、いざ家を買うとなると、ずっと住み続けたいと思える場所を決められず悩んでいます。今住んでいる賃貸も、特にこだわりがあったわけでなく、なんとなくお互いの勤務地の中間点をとって選びました。

お互い勤務地は近いので、通勤1時間圏内くらいがいいかなという話は出ているものの、今まで住んだこともない場所で、いきなり家を買って住み始めて後悔しないか悩んでいます……。

せっかく家を買うのであれば、お互いが好きだと思える街に住みたいと考えているのですが、二人ともお気に入りの街があるわけでもなく……。なんとなく積極的になれずにいます。

夫婦で住むエリアを選ぶとき、どんな風に選んでいけば後悔なく決められるのでしょうか？

（32歳　会社員男性）

櫻井先生の回答

エリア選びの基本は、まず「今住んでいる場所の近く」ですね。「住めば都《みやこ》」と言われるとおり、一度住み着くとその場所が気に入ってしまうもの。愛着《あいちゃく》がわくし、知り合いや馴染《なじ》みの店も増えます。

そうすると、今住んでいる場所を離《はな》れがたくなってしまう。だから、「今住んでいる場所の近く」が第一の候補地となります。

ただし、今住んでいる場所に住み続けたくない、もしくは住み続けることが難《むずか》しい、という場合は、別の場所を探さなければなりません。

または住んでいる街は気に入っているけれど、電車が混《こ》んで耐《た》えられないとか、住んでいる街は分譲《ぶんじょう》住宅の値段が高すぎて、とても手が出ない、というケースでも別の場所を探す必要がありますね。

別の場所を探すにあたり、候補地を拡《ひろ》げて場所を探すときも、多くの人は、やはり今住んでいる場所の関連地を好みます。

たとえば、神奈川県からいきなり千葉県に行くのではなく、同じ神奈川県内や神奈川県に近い東京都内を探します。この場合も「なるべく、今住んでいる場所から離れたくない」という気持ちがあるのでしょう。

住んでいる場所から離れたくないという心理のわかりやすい例では、マイホームを購入して賃貸アパートから引っ越した1日目の夜、小さな子供が「お家に帰りたい」と泣き出すことが挙《あ》げられます。真新しいマイホームに移っても、子供の気持ちは、慣《な》れ親しんだ古いアパートを求《もと》めてしまうのですね。

同様の気持ちは大人にもあります。

「マイホームを買わなくても、今の家でいいじゃない」

「無理してローンを払わなくても、今の賃貸暮らしで十分だよ」

そう言う人たちの心の中には、「今の家から離れたくない」という気持ちがあるのかもしれません。

ご質問者ご夫婦は、マイホーム購入に積極的になれないようです。ということは、「今の家を離れたくない」という気持ちが強いのかもしれません。

マイホームを買ったら、今の住まい、今の生活にさよならしなければならない。それは、なんか嫌《いや》だ。そう思っていたら、新たなマイホーム探しに積極的になれないのは当然でしょう。

でもね、と生まれてから12回引っ越しをしている私は思います。

引っ越してしまえば、引っ越した先が「住めば都」となるのです。

私が10代の頃に住んでいた場所は「こんな素敵なところは他にない」と思っていました。でも、引っ越したら、「こっちのほうがよい」となりました。その「あっさりさ」に自分でも驚《おどろ》いたほどです。次に引っ越したときも、「ここのほうが、よい」で、その次も……。

そのように、常に気持ちが前を向いたのは、いつも「好きな要素《ようそ》がある場所」にこだわったからだと思います。私の場合、好きな場所は、自然が身近な場所。夏はセミの声が聞こえ、秋の夜は虫の音《ね》が絶《た》えない場所です。

自然を好むのは、私の本能《ほんのう》です。この本能は、死ぬまで変わらないでしょう。だから、本能のまま、自分の気持ちが動く場所に移る。その際《さい》、前の住まいより通勤に便利とか、買い物がしやすい、といった利便性の向上を加味《かみ》したので、場所選びで後悔することはなかったのです。

ご質問者の場合、まず、「今住んでいる場所を離れる」勇気を持ってください。そして、二人にとっての便利さが向上する場所で、二人の気持ちが動く要素のある場所（公園が近い、川がある、飲み屋さんが多いなど）を探してみてください。

その際、分譲価格の相場も勘案《かんあん》して……など考えなければならないことはたくさんあります。でも、車を買うときも、服を買うときも、いろいろ考えるもの。それは決して面倒《めんどう》なことではなく、楽しみでもあるのです。

相談ファイル No.6

頭に血が上《のぼ》りやすい どうしたら すぐに怒らずにいられる？

短気《たんき》は損気《そんき》。わかっている。改めたいと思っている。なのにスイッチが入ってしまうと止められない……そんな人は少なくないでしょう。怒りっぽい性格が、いつか大きな失敗を招《まね》いてしまうのではないかと心配する相談者に対して、櫻井先生は先人《せんじん》の遺訓《いくん》を引き合いに、怒りを堪《こら》えるための心構《こころがま》えを教えてくれました。

相談内容

僕の失敗談を聞いてください。この間の竣工式《しゅんこうしき》でのこと。施工者側《せこうしゃがわ》として参加していたので、参加者をもてなす気持ちじゃないといけないのはわかっていましたが、一人すごい横柄《おうへい》な態度の人がいて、思わずイラっとしてしまいました。初対面なのに何かと命令口調で接《せっ》してくるため、不愉快《ふゆかい》な気持ちを露骨《ろこつ》に表してしまったことがクレームとなり、あとで上司にこっぴどく叱《しか》られました。偉《えら》そうな態度だっただけあり、実際かなりのお偉いさんだったのです。

自分は気が短いんですよね。すぐに感情的になってしまうのは自分でも大人気《おとなげ》ないと思っていますが、理不尽《りふじん》なことを言われたり、失礼な態度を取られたりすると、瞬間的《しゅんかんてき》にスイッチが入ってしまいます。あとで冷静になると、そんな自分が嫌《いや》になることもありますが、どうにも止められません。

このままでは、いつかもっと大きな失敗をしそうな気がしますし、できれば怒らず、穏《おだ》やかに過ごしたいです。

何かいい方法はないでしょうか？

（26歳　会社員男性）

櫻井先生の回答

頭に血が上りやすいのですね（笑）。

私は、若い頃、そういう〝瞬間湯沸かし器《しゅんかんゆわかしき》〟のような性格がうらやましくて仕方ありませんでした。というのも、若い頃の私は怒りを表に出すことが苦手で、嫌なことがあっても、咄嗟《とっさ》に文句《もんく》を言ったり、怒り出すことができませんでした。

でも、怒らないわけではありません。それから1時間か2時間経《た》つと、ふつふつと怒りがわき、「さっきのは、どう考えても相手がわるい。もっと文句を言ってよかったのに」と思い返すのです。

しかし、手遅《ておく》れです。すでに場所を移動し、相手もいません。で、夜、ベッドに入ってからも怒りが収《おさ》まらず、悶々《もんもん》として眠れなくなりました。ベッドでイライラしながら、こんな思いをするのなら、あの場で一気《いっき》に怒って、あとはすっきりしたかった、と思いました。それができない自分が情《なさ》けない、とも。

その私は、50歳を過ぎた頃から気が短くなりました（再び、笑）。

どうも、若い頃に短気だった人は年を取ると温厚《おんこう》になり、私のように若い頃、温厚（というか、すぐ怒れない性格）だった人は、年を取ると短気になる傾向《けいこう》があるような……これは、私の個人的な意見であり、十分な数のデータをとったわけではありません。

とにかく、私は年をとって短気になったクチで、短気になってわかったのですが、カーッとなってその場で文句を言っても、必ずしもスッキリはしません。後悔《こうかい》や自己嫌悪《けんお》が生じて、悶々とします……やっぱり、悶々とするのですね。

結局、「怒りにまかせた衝動《しょうどう》的行動」というのは、すべきではないのです。それはわかっているのですが、どうしても抑《おさ》えられない、どうしたらよいか、というのが今回ご質問の主旨《しゅし》でしょう。

これは、今、話題になることが多い「アンガー・マネジメント」の問題です。怒りを抑えきれない、という人は世の中に多く、その上手な解決法がなかなかみつからないので、「アンガー・マネジメント」が話題になるのでしょう。

余談《よだん》ですが、「片付け」関連の本が次から次に出るのは、いくら本を読んでも片付けができず、家の中が散《ち》らかってしまう人が多いからだと、私は思っています。

同様に、ダイエットの本も、お金持ちになる本も次から次に出ます。ダイエットするのも、お金持ちになるのも難《むずか》しく、達成《たっせい》しにくいという証拠《しょうこ》でしょう。同じように、怒りの衝動を抑えるのも簡単《かんたん》ではありません。

アンガー・マネジメントでは、心の中で数を数えることが推奨《すいしょう》されたりします。1から10まで数えているうちに、落ち着くというものです。

これは、「119番、110番の法則《ほうそく》」のようなものでしょうか。

「119番、110番の法則」とは、一呼吸《ひとこきゅう》おけば落ち着くということから、私が勝手に名付けたものです。

固定電話しかない時代の電話機では、ダイヤル式が長く使われました。
（1）、（2）、（3）……と数字が並び、（9）の次が（0）で、（0）が最後です。つまり、「119」と「110」は、一番最初の数字（1）がふたつに、最後から2番目（9）と最後（0）の組み合わせとなります。
ダイヤル式電話機では、数字のところに開《あ》いた穴に指を入れ、留《と》め金《がね》まで回して、戻す。そのため、（9）と（0）は、戻るまでの時間がひときわ長くなります。といっても、たかがしれていますが、他の番号よりも長くなるのは事実です。

そこで、（9）と（0）を回したあと、少し待つ時間が生じます。その「待っている時間」で、多少なりとも落ち着いてもらおう、という考えから、わざわざ手間のかかる数字を加えたのだそうです。

ちなみに、アメリカの110番は、「911」。やっぱり、戻るまで時間がかかる（9）を採用《さいよう》しているのですね。

なるほど考えるものだなあ、と思いつつ、少々心がひねくれた私は、「ホントに落ち着くんかい！」と突っ込みをいれたくなります。

我が家が火事になっているとき、119をダイヤルする。（9）を回したあと、ダイヤルが戻ってくるまでの間で、ホッと気持ちが落ち着く……わけがないでしょうと。

「なにしとんのや、はよ、ダイヤル戻れや」と普段使ったこともない関西弁が出てくるくらいアタフタするのがオチです。

つまり、何が言いたいか、というと、瞬間湯沸かし器みたいな人に1から10まで数えさせて、落ち着くものだろうか、と思うわけです。数えているうちに、さらにイライラが高《こう》じて、カウントを切り上げる人も出てきそうです。

我慢《がまん》はできなかったけれど、今日は7まで数えられたよ、などという笑い話も生まれそうです。

だいたい、数を数える程度で落ち着くなら、般若心経《はんにゃしんぎょう》を唱《とな》えるなど別の方法でも心を落ち着かせることはできるでしょう。

そこで、私は1から10まで数えることの代わりに、あることを思い出すようにしています。

それは、徳川家康《とくがわいえやす》の遺訓とされる言葉です。

人の一生は重荷《おもに》を負《お》うて遠き道を行くがごとし
急ぐべからず
不自由を常と思えば不足なし
こころに望みおこらば困窮《こんきゅう》したる時を思い出すべし
堪忍《かんにん》は無事長久《ぶじちょうきゅう》の基《もとい》、いかりは敵と思え
勝つ事ばかり知りて、負くること知らざれば害《がい》その身にいたる
おのれを責めて人をせ《せ》むるな
及《およ》ばざるは過《す》ぎたるよりまされり

わずか140字に満たない遺訓ですが、これが260年余《あま》りに及《およ》ぶ徳川の治世《ちせい》を実現させた礎《いしずえ》だと思うと、感慨《かんがい》深《ぶか》いものがあります。

その中に、「アンガー・マネジメント」の一節《いっせつ》があります。

「堪忍は無事長久の基、いかりは敵と思え」

です。

18文字の教えですが、わずか140字弱の遺訓の1割を占《し》めているので、徳川家康はアンガー・マネジメントの大切さを400年以上も前に知っていたことになります。

といっても、家康に短気な印象《いんしょう》はありません。なんといっても、「鳴《な》くまで待《ま》とう、ホトトギス」の人ですから。

おそらく、「鳴かぬなら、殺《ころ》してしまえ」の信長《のぶなが》や「鳴かせてみせよう」の秀吉《ひでよし》を見続けて、あんなに怒ってはいけない、無理強《むりじ》いしてはいけないと身にしみていたのでしょう。だから、子孫《しそん》たちにも、「怒るな」と遺訓を残したのではないでしょうか。

この言葉、家康の遺訓だと思うと、ありがたみが増します。

あの家康がわざわざ、こう言ってくれてるんだよ、ここで怒るわけにはいかないでしょ、と。

「堪忍は無事長久の基、いかりは敵と思え」

なにしろ、「いかりは敵と思え」です。無礼《ぶれい》な輩《やから》に怒るのではなく、自分にわきあがる「いかり」に怒るのです。

自分は何を怒っているんだ。
こんな奴《やつ》と同じ土俵《どひょう》に上がる気か。
周囲から同じレベルの人間と思われてしまうぞ。

そんなふうに考えれば、堪忍することもできるのではないでしょうか。その堪忍が、「無事長久の基」になるのです。ご質問者も、家康の遺訓に従《したが》い、無事長久の人生を歩《あゆ》まれることを祈《いの》っております。

家が手狭《てぜま》になってきたトランクルームを借りるのはどう思う？

思い出の品を大切にしていると、モノが溜《た》まっていく一方。どんどんと部屋が狭くなっていき、「どうしたものか……」と悩む人は今回の相談者だけではないでしょう。そのひとつの解決策となるのがトランクルーム。住宅のプロである櫻井先生は、トランクルームの利用についてわかりやすい指針《ししん》を示してくれました。

相談内容

55平米《へいべい》の2LDKの賃貸マンションに夫と二人で暮らしています。気がつけばもう4年住んでいますが、最近、家が手狭になってきたように感じていて、トランクルームを借りることを検討しています。

トランクルームを借りるって、どう思いますか?

今のマンションにずっと住み続けるつもりはないんです。

子供でもできたら、間違いなく引っ越しを考えると思いますが、今のマンションは職場まで30分かからずに着くことができ、通勤の便《べん》がいいため、仕事が忙《いそが》しいことを考えると、すぐに引っ越すのはどうかな……と思っています。

高校時代の思い出の品とか、思い切って処分《しょぶん》してしまえばよさそうなものも結構ありますが、モノを大事にしたいんですよね。夫も同じ考えように考える人なので、トランクルームを借りてみようという話が出ているのですが、借りるにあたっては、どんなことに注意しないといけないか知りたいですし、プロの先生だったらこんなとき、どうするかも知りたいです。ご意見を聞かせてください。

(29歳　会社員女性)

櫻井先生の回答

「トランクルーム」ですね、実は私も借りています。

ご存《ぞん》じない方のために説明すると、月極《つきぎめ》もしくは年間の賃料《ちんりょう》を払って借りる収納空間がトランクルーム。大きな建物の中を小分けし、錠付《じょうつ》きのドアが並んでいる方式もありますが、郊外《こうがい》でよく見かけるのは、船や貨車《かしゃ》に積《つ》むコンテナを平置きしたり、2段、3段に重ね置きする方式。建物内ではなく、地面にコンテナを置いてあるだけなので、３６５日24時間いつでも出し入れ自由という方式となります。

私が借りているのも、このコンテナ流用のもので、中は４畳《じょう》ほどの広さです。賃料は、横浜市内で2万７０００円。年間で30万円を超《こ》えるので、かなりの負担となります。それよりも小さいサイズならば、月額1万円程度のものもあります。

私の場合、毎日のように増える住宅関連のパンフレット等資料の保管場所として大きめのサイズを借りたので、一般の方であれば、そこまでの広さは必要ないでしょう。

トランクルームを借りる契約はインターネットで完了。宅配便《たくはいびん》で、扉《とびら》を開けるキーが郵送されてきますので、指定された場所のトランクルームの扉を開けて使用が始まります。

扉を開けて驚《おどろ》いたのは、内側が想像《そうぞう》以上にきれいであること。スチールの壁《かべ》ではなく、内装材《ないそうざい》が張《は》られてムードがよいし、床《ゆか》を滑《すべ》らせて荷物を動かすことができます。

3年以上使っていますが、雨漏《あまも》りはもちろん、湿気《しっけ》でカビが発生することもありません。契約書には「雨漏りやカビが発生しても、責任をとらない」と書いてありますが、その心配はなさそうです。

ただし、使いやすくするためには、多少の工夫《くふう》が必要です。

まず必要なのは、スチール製の頑丈《がんじょう》な棚《たな》。ホームセンターで購入し、トランクルーム内で組み立てる必要があります。その作業は私と妻二人で1日がかりでした。トランクルーム内で棚を組んでいると道行く人が興味津々《きょうみしんしん》。わざわざ車を停《と》めて、内部の写真を撮《と》り、賃料を聞いてくる人もいました。トランクルームに興味《きょうみ》がある人が多い証拠《しょうこ》でしょう。

荷物は確実に、そして安全に保管されます。その点は、不満なしですが、費用対効果が高いかどうかは、使い方によるでしょう。

同じトランクルームの利用者で「あの人は十分に活用しているなあ」と思えるの

は、トランクルームの内部全体に棚を組み、工具や素材《そざい》をぎっしり、しかも整然《せいぜん》と収納している人。何かの工事関係者でしょう、頻繁《ひんぱん》にトランクルームに立ち寄り、必要な工具・素材を車に積んだり、使用済み工具を戻したりしています。

つまり、日々活用するのであれば、費用対効果は高いと考えられます。

これに対し、出し入れが少ない人、1年に1回か2回、荷物を出し入れするだけだと「死蔵《しぞう》」しているようなものです。

死蔵品のためにトランクルームを借りるのであれば、やめたほうがいいでしょう。いずれ、トランクルーム使用料がもったいない、ということになり、契約解除し、トランクルームに納めていたものは一括廃棄《いっかつはいき》することに。だったら、トランクルームを借りずに、はじめから捨《す》てたほうがよかった、ということになります。

頻繁に出し入れする荷物がある場合、次の条件を備《そな》えたトランクルームがお勧《すす》めです。

まず、車で出入りしやすいトランクルームであり、道路に近い場所のトランクルームが理想になります。

コンテナ式トランクルームは地面に置いてあるものがベスト。２段重ねの上に積んであるものは、たとえ賃料が安くても荷物の出し入れに苦労します。

結論として、トランクルームは、「死蔵する場所」ではなく、「頻繁に出し入れする場所」として活用すべきです。そういう用途《ようと》であれば、借りることをお勧めします。邪魔《じゃま》な荷物を持っていきたい、というだけではお金のムダ遣《づか》いになりかねません。

田舎にある実家と
都会にあるマンション
どちらを取るべき？

婚約者からマンション購入の話が出たとき、相談者は田舎に住む両親の顔が思い浮かびました。このまま実家に戻らず、都会で暮らし続けていいものか……そんな悩みに対して、櫻井先生はきちんと順序立てて婚約者と話し合うことを提案《ていあん》するとともに、実家に戻るのは、まだ早いのではないかという見解《けんかい》を述《の》べました。

相談内容

こんにちは！　櫻井先生、私、最近揺《ゆ》れ動いております……。といいますのも、田舎にある実家と都会のマンションのどちらを取るべきか、ということなのですが……。

先月婚約が決まり、婚約者よりマンション購入について話が出ました。田舎から上京《じょうきょう》とともに就職して以来17年、ずっと同じ会社に勤め、仕事に尽《つ》くしてきたため、このまま東京で自分の家庭を持てるというのはこの上ない幸せ。

けれど、年々老いていく両親の顔がつい思い浮かびます。両親は強く主張《しゅちょう》してくることはないものの、長男である私が帰ってくることを望んでいるはず。

マンションのパンフレットを眺《なが》める婚約者に田舎暮らしについて提案してみるか、実家で待つ両親に都内でのマンション購入について報告するか……。

どうしたらよいのでしょうか……？

（40代　会社員男性）

櫻井先生の回答

田舎の両親のことを考え、いずれ一緒に暮らしたい。その気持ちはとても素晴らしいと思います。親は大切にしなければなりませんね。

しかし、そのことだけを考えてもいられません。もし田舎に帰るとすると、これまで築《きず》いてきたキャリアを捨《す》てなければなりません。

また、田舎でこれまでと変わらぬ収入が得られるかどうか、という問題もあります。それ以前に、田舎で自分にふさわしい仕事があるか、という大前提《だいぜんてい》さえ出てきますね。

もうひとつ、大きな問題を忘れてはなりません。それは、婚約者がマンションのパンフレットを見ているという事実です。きっと楽しそうにパンフレットを眺め、これからの生活を夢見ているのでしょう。そのときの婚約者の頭の中には、「田舎に帰る」という発想《はっそう》は一片《いっぺん》もないはずです。

その婚約者に、いきなり「田舎に帰りたい」と持ち出せば、どうなるでしょうか。言葉を失う、あきれる、怒り出す、泣く……そんなシーンが思い浮かびます。それは何より、婚約者に対する裏切りに匹敵《ひってき》する行為だからです。

というのも、ご質問者はこれまで「田舎に帰る」ことは言い出していなかったはず。だから、婚約者は都会暮らしのままでマイホームとなるマンションの購入を検討しているのだと思います。その婚約者に田舎に帰ることを言い出せば、「そんな話は聞いてない」ということになります。

婚約とは、お互いのことを知り、共通の価値観や未来像などがあると認《みと》め、この人ならともに暮らすことができる、と決めたことを意味します。それなのに、いまさら「聞いてない」ことを持ち出せば、婚約者が混乱《こんらん》することは当然といえるでしょう。

「田舎に帰る」話を持ち出すには、少なくとも順序が必要です。いきなりはダメです。

「マンション購入を考えたら、本当に買ってもいいのか迷《まよ》いが出てきた」

「田舎の両親を見捨てるようなことにならないかな」

「やっぱり親は大事にしたい。最後は自分が面倒《めんどう》を見たい」

そのように順序立てて自分の気持ちを説明すれば、婚約者も混乱することはないでしょう。「その気持ちもわかるわ」と言ってくれるような婚約者であれば、ご質問者はいい人を選んだことになります。その上で、二人で相談ですね。

協議《きょうぎ》の結果、彼女が「わかった、私も田舎についていく」と言ってくれるかもしれません。「私には無理」となる可能性もあります。二人の将来に関わる大事な問題なので、じっくり話し合ってください。

最後に私の考えを述べさせていただくと、田舎に帰るのは「まだ早い」のではないかと思います。「上京して17年」ということは、ご質問者はまだ40歳そこそこではないでしょうか。ご両親は60代か70代。十分に若いといえます。
いずれご両親と同居もしくは近居《きんきょ》するにしても、今はまだお互いの生活を尊重《そんちょう》し合い、それぞれの場でがんばることができるでしょう。一般的に同居を考え出すのは親が80歳を超えたあたりからです。

同居・近居の問題は、必ずしも「子供が田舎に帰る」ことだけに限りません。最近は「親が子供が暮らす都会に出てくる」ケースも増えています。田舎暮らしが不便な場合、「駅に近く、スーパーマーケットが隣にある」というような便利なマンション暮らしに憧《あこが》れるもの。そんな便利なマンションに子供が住んでいると、「私たちも……」ということになりがちなのです。

そこで、ひとつマンションを購入する場合のアドバイスをしましょう。
将来起こりうる諸問題を考慮《こうりょ》して、購入するなら「郊外《こうがい》で、駅から徒歩5分から10分で買い物便利なマンション」を狙《ねら》いましょう。都心から30分以上離《はな》れた郊外ならば、そのようなマンションが3000万円台、4000万円台で見つかります。

今は「都心のマンション」と「駅から徒歩5分以内のマンション」だけが値上がりし、駅から少し離れたマンションは割安です。

その割安マンションは、次の狙い目としてこれから値上がりする可能性があります。値上がりすれば将来売却《ばいきゃく》して、田舎にも帰りやすくなるのです。

都会でマンションを買ったからといって、親との縁《えん》が切れるわけではありません。親と同居・近居しやすいマンションを買えば、かえって親との距離が縮《ちぢ》まることになるのです。

40歳そこそこといえば脂《あぶら》の乗った時期、これから仕事も一層充実《じゅうじつ》してくる頃でしょう。婚約者との話し合いがうまく運び、よりよい結果となることを心より希望しています。

退職したら気が晴れない
これから妻と二人の生活
どう過ごせばいい？

仕事をしていたときは充実《じゅうじつ》していたのに、引退したら虚《むな》しい毎日。朝起きたとき、1日何をして過ごそうか途方《とほう》に暮《く》れてしまうと相談者は嘆《なげ》きます。それに対して、櫻井先生は「リタイア生活は新しい世界への赴任《ふにん》」と新たな視点を持つことを提案《ていあん》し、腰を低くして、プロから学ぶ努力が必要ではないかと説《と》きました。

相談内容

定年退職で一線から退《しりぞ》いて1カ月。こんな相談をするのも恥《は》ずかしいのですが、最近孤独《こどく》を感じてしまい、どうにも気が晴れません。

今思えばサラリーマン時代は充実していました。数々の難題《なんだい》をクリアし、大成功に終わった再開発プロジェクトのリーダーを務《つと》めたことは、今でも大きな誇《ほこ》りとして胸に残っています。

残業や休日出勤は当たり前で、嫌《いや》なことも困《こま》ったことも数え切れないほどありましたが、大きな成果をあげたときの達成感《たっせいかん》は何ものにも代えがたく、責任感や使命感を持って働いていた日々は幸せだったと思います。

定年退職を迎《むか》えたときから漠然《ばくぜん》と寂《さび》しさは感じていましたが、いざ会社を離《はな》れてみると自分が誰にも必要とされていないことを日に日に実感するようになり、何だか虚しいです。

二人の子供が巣立《すだ》ってしまったので、今は妻と二人で暮らしていますが、恥ずかしながら妻はあまり構《かま》ってくれません。ずっと仕事優先の生活だったので、定年後は妻との時間を大事にしようと思っていましたが、話かけると鬱陶《うっとう》しそうな態度を見せるようになり、この頃距離を感じています。

ずっと真面目に働いてきて、波風を立てることもなかったのに、正直おもしろくありません。

これといった趣味《しゅみ》もないので、朝起きたとき、1日何をして過ごそうか途方に暮れてしまうような毎日です。会社の同僚《どうりょう》や部下が懐《なつ》かしいです。

同年代の櫻井さんなら、きっとこんな気持ちをわかってくれるだろうと思い、思い切って相談してみましたが、今後どう過ごしていけばいいと思いますか?

（65歳　元会社員男性）

櫻井先生の回答

定年後は、夫婦仲良く趣味や旅行の時間を共有《きょうゆう》して……と考えていたのに、妻にはその気がない。では、近所のボランティアにでも参加するか、と出かけていっても、どうも考えているのと違う。だいたい、会合《かいごう》に参加しても、お茶ひとつ出ない。そのような不満を訴《うった》える男性は少なくありません。

夫が定年退職した翌日に妻から三行半《みくだりはん》、つまり離婚届を突《つ》きつけられた、というような話もあると言われますが、さすがにそこまで極端《きょくたん》な例を見聞きしたことはありません。

それでも、家でも近所でも煙《けむ》たがられ、なんとも居心地《いごこち》がわるい、という男性は少なくないようです。

会社勤めしていた間は、しっかりとした居場所があったのに、それがなくなってしまった。それは寂しいことだと思います。悔《くや》しさに似た気持ちにも襲《おそ》われ、誰かに八《や》つ当《あ》たりしたくなるかもしれません。

会社で上のポジションにいた人であれば、引退後もそれなりに尊敬《そんけい》されていたいだろうと思います。家の中においても、ボランティアにおいても……。

と、ここでひとつ考えていただきたいことがあります。これまでの会社勤めで、尊敬されていたのはなぜでしょうか。やはり、長年の努力があってこそ、のこと。努力が認《みと》められ、地位が上がり、尊敬を集めていたのだと思います。

そのことを忘れてはいけません。

私は、定年後のリタイア生活というのは、新しい世界への赴任だと思っています。朝起きて会社に行く代わりに、家の中での活動を始める。地域のボランティアにも参加する。いずれも、これまで経験してこなかった活動、というケースが多いでしょう。

そこで接《せっ》する人たちにはプロがいます。

妻は家事のプロです。地域活動をしている主婦たちも、地域活動のプロです。そこに、新参者《しんざんもの》として加わるわけです。参加し、いきなり「尊敬しろ、下に置くな」

と言っても、それは無理な注文というものです。

なに偉《えら》そうにしてるのよ。

私のペースで家事をこないしたいから、邪魔《じゃま》しないで。

そう思われても仕方ありません。

これが、「定年によるリタイア生活」ではなく、「未経験の職種《しょくしゅ》への住み込み赴任」だったら、どうなるでしょう。

「俺は、以前の会社でバリバリのやり手だったんだ」

とふんぞり返ることはできません。

自分は、この仕事は未経験なので、教えてくださいと腰を低くして、なんとか役立つ人間になろうとします。その姿勢《しせい》や努力によって、赴任先に溶《と》け込むことができ、自分の居場所が確保されます。

引退後の生活を円満に進めるには、そういう努力が必要ではないでしょうか。

世の中の男性には、引退前からそのような努力をしていた人がいます。家の中では家事を手伝い、休日の料理は夫が手作りする。家庭菜園《かていさいえん》や日曜大工が好きで、休日は妻や子供と一緒になって野菜作りや家具作りを楽しむ。地域の活動にも積極的に参加をする。

そういう男性であれば、定年退職しても、家と地域に居場所があり、寂しい思いなどしません。妻から「これからは一緒に楽しむ時間が長くなって、うれしい」などと言われちゃったりします。

なんとも、うらやましい話です。

残念ながら、ご質問者は、そのような生き方をしてこなかったのです。

休日に家族のために手料理を振る舞《ふま》うより、仕事に没頭《ぼっとう》しているほうが楽しかった。ときには、仲間とゴルフしたり、釣《つ》りにゆくといった楽しみもあったはずです。

そのような会社人生を謳歌《おうか》したので、定年後、家で過ごすことや、近所づきあいに関しては、まったくの素人《しろうと》状態となってしまいました。

素人であれば、プロの方々に追いつくように努力しなければなりません。


まず、家事の手伝いをしてみてはいかがでしょうか。

簡単《かんたん》なところでは、風呂掃除を受け持つ。スーパーマーケットの買い物は必ず同行して、運転手とポーターに徹《てっ》する。ペットの散歩《さんぽ》とトイレの世話を受け持つ。

妻の召使《めしつか》いになれというのか、と立腹《りっぷく》されるかもしれません。そうではなく、人生のパートナーとしての相応《そうおう》の役割を受け持つべきと申し上げているのです。

だいたい、「召使いになれというのか」と怒りながら、実際には妻を召使い扱《あつか》いしていることはないでしょうか。


「明日は5時に起こしてくれ」

「喉《のど》が渇《かわ》いた、水持ってきてくれ」

「エアコンの温度下げてくれ」

一緒の部屋に寝ていると、いくつも用事をいいつけられるから嫌だ、と妻のほうから夫婦別寝室を言い出すケースが実は多いのです。

夫には「いびきがうるさいから」というような言い訳にしてありますが、本心は、「いつまでも私を召使い扱いする。その心根《こころね》にうんざりする」なのです。

リタイア後の生活は、仕事のパートナーと同様、妻に対しても対等の立場である、との心構《こころがま》えが大切です。

新しい職場に入り、新しい職種についた、と考えて、職場に溶け込む努力を惜《お》しんではいけません。

家のことは何もして欲しくない、と言われれば、趣味として料理を覚える。野菜作りを始める。花を育てる……家の役に立つこと、地域の役に立つことを考える。それは、会社勤めしていたときの努力に通じるところがあります。

定年してもまだ、仕事みたいなことをするのか、と思うかもしれません。しかし、主婦は死ぬ直前、病院に担《かつ》ぎ込まれるまで家事を続けるものです。仕事中に心臓麻《ま》痺《ひ》や脳出血を起こして殉職《じゅんしょく》する割合は、会社勤めをする男性よりも主婦として働く妻のほうがはるかに多いと考えられます。

主婦は死ぬまで仕事があるのに、男は定年退職後、遊んで暮らす気でいる。そのことに内心ムッとしている妻は案外《あんがい》多いものです。

だから、家の中で、ほんの少し努力するだけで、事態《じたい》は大きく好転《こうてん》するかもしれませんよ。

親が残した古い一戸建てそこに引っ越して一人暮らしするのはアリ？

条件のよくない古い一戸建てを親から相続した場合、あなたならどうしますか？住んでみるか売ってしまうか。家賃がかからないのは魅力《みりょく》。しかし、生活は不便になりそう。だからといって売るにも、高値《たかね》では売れそうにない……そんな悩みに対する櫻井先生の回答は「試《ため》しに１年くらい住んでみる」というものでした。

相談内容

今年36歳になる独身の者です。

幼い頃から父親と二人で暮らしてきましたが、折り合いがわるかったため、働き始めると同時に実家を離《はな》れ、アパートを借りて暮らしてきました。

先月、その父親が亡くなりました。それに伴《ともな》い、生まれ育った実家を相続することになりましたが、もう一度実家に住んだらどうだろうかと迷《まよ》っています。

一番の理由はお金です。今、年収は300万円で余裕《よゆう》があるとは言えません。家賃を払わなくて済むのは魅力です。

売り払うのもアリかなと思いますが、最寄《もよ》り駅まで歩いて20分、敷地《しきち》面積30坪《つぼ》とさほど広いわけでもなく、家もだいぶ傷《いた》んできています。正確なところは知りませんが、生まれたときから住んでいるので、築36年以上は確実な一軒家《いっけんや》です。

家の売り方もよくわからないですし、たいした額にならないなら住んでしまえと思ったりもするのですが、生活は不便になりそうです。古い家だから設備も古いし、心配もあります。どう思いますか？

（36歳　男性）

櫻井先生の回答

確かに、お父上が残してくれた一戸建てに移り住むのはわるくない選択肢《せんたくし》だと思います。

ご質問者も懸念《けねん》されているとおり、郊外《こうがい》の駅で、駅から徒歩20分の古い一戸建ては、今、なかなか買い手が付きません。これから少子化が進めば、さらに売りにくくなることが予想されます。

住むでもなく、売るでもなく、放置《ほうち》すれば、家は傷む一方になります。家は人が住み、窓《まど》を開けて風を通し、室内の温度、湿度を一定に保《たも》つことで、長持ちするもの。人が住まなければ、朽《く》ち果てるスピードが速《はや》まってしまいます。

それに、毎年、固定資産税を払い続けるのも、ムダです。

だから、「どうせなら、自分が住んでしまおう」という選択肢は、わるくないと思ったわけです。


お父上の残した一戸建ては、駅から徒歩20分とのこと。これは、「実際に歩くと、20分」ということでしょう。

不動産表記で認《みと》められている計測《けいそく》方法は「80m1分」で、普通の人ではかなりの早足になるもの。それよりもゆっくり歩いて20分だと考えられますので、不動産表記では「徒歩15分〜17分」といったところでしょうか。

まあまあの「徒歩圏」……つまり、歩ける範囲《はんい》で、多くの人がそれくらいの距離を歩いて駅に向かっています。

ちなみに、私は、小学校時代、学区《がっく》の端《はし》のほうに住んでいたため、学校まで徒歩15分でした。子供の足で15分だったので、大人なら10分くらいでしょう。それでも、小学校時代は、最も遠い場所に住んでいる一人でした。

その徒歩15分は、慣《な》れれば、それほど遠い道のりではありませんでした。ご質問者も、「駅から徒歩20分」でも、長く住んでいた家なので、それほど遠いとは感じないでしょう。自転車やバスを利用できれば、まったく問題なしです。

それより、問題は生活利便性ですね。

一人暮らしをすると、自炊《じすい》したり、公共料金、税金の払い込みをしたり、郵便物の発送、不在郵便物の受け取りをしたり、自分一人でいろいろなことを行わなければならなくなります。

自宅近くにコンビニや銀行、郵便局などがあればよいのですが、「すべての用事は駅前に行く必要がある」という場所では、負担が大きくなります。

とりあえず、「試しに1年くらい」という気持ちで、一軒家での一人暮らしをしてみてはいかがでしょうか。どんな不便さがあるのか、を実際に検証《けんしょう》してみてください。アパートでの一人暮らしだと何も感じないのに、一軒家で一人暮らしをすると、寂《さび》しさを感じるかもしれません。

庭の雑草、虫の駆除《くじょ》、ゴミ収集所の掃除当番……一戸建てだと、いろいろとやらなければならないことがあります。

それらを経験し、また一戸建てだからこそ、可能になること……たとえば、日曜大工での自宅改修《かいしゅう》、友人を呼んで庭《にわ》でのバーベキュー、庭での花火などを楽しみ、この先も暮らしてゆけるかを確認するわけです。

なかなか快適《かいてき》だとわかれば、長く住み続けるために、リフォームに着手します。手を加えれば木造《もくぞう》一戸建ても60年以上住み続けることができます。ただし、問題はその費用。60年以上住み続けるためには、家を新築するのと同じくらいの費用がかかる、となったら、リフォームよりも建て替えのほうがいいでしょう。

リフォームを行うかどうかは、見積《みつ》もりをとってからの判断になりますが……私としては、まずはトイレの便器を新しいものに変える、照明器具を変える、台所のガスコンロを入れ替える、といった最小限のリフォームを行い、その先は、ご自身の生活に合わせて、変えればよいと思います。

以上のリフォームは、ホームセンターに行き、売っている便器を指《さ》して、「これを家のと付け替えて」というやり方で行えます。

我が家の古い便器をタンクレストイレ（背中にタンクを背負《せお》っていない方式の水洗便器）に交換《こうかん》したときは、付け替え費用と古い便器の廃棄《はいき》費用で3万円ほどでした（タンクレストイレの代金はもちろん別です）。

まずは、そのように最小限のリフォームを行って生活を開始してみてはいかがでしょうか。

その先、結婚することになれば、新居としてのリフォームや新築を考えましょう。ずっと独身でいこうと決めれば、平屋《ひらや》の家に建て替えるのもよいでしょう。

平屋であれば、一人暮らしにちょうどよい生活空間が手に入りますし、建設費も安く収《おさ》まります。快適な平屋を建設することを夢見て貯金に励《はげ》むのも楽しそうです。

試しに一戸建てでの一人暮らしを経験し、これはとても無理となったら、仕方がないので、家は売ったほうがよいでしょう。持っていても固定資産税がかかるだけで、ムダになります。

ご質問者が懸念《けねん》されているとおり、駅から離れた一戸建てですから、安くなってしまうでしょう。しかし、安くても、売れるのなら、早めに売るべきです。

これから先の日本で、駅から離れた一戸建ての人気が上がることは想像《そうぞう》できません。売却《ばいきゃく》するのが遅《おそ》くなればなるほど、駅から遠い一戸建ては値下がりします。

そのうち、過疎地《かそち》の古民家《こみんか》のように、タダでも引き取り手がない、という状況も考えられます。なので、安くても売れるうちに売ってしまいましょう、というアドバイスになるわけです。


売ったお金を基《もと》に、駅から歩いて5分以内の中古マンションで1LDKを購入するのはいかがでしょうか。足りない分はローンを組んで返済《へんさい》を行います。ある程度の頭金があれば、ローンの返済金は家賃程度で収《おさ》まるはずです。この1LDKは、便利な場所なので、一生住み続けて快適です。

そして、結婚しても二人で十分暮らしてゆける広さがあります。

その後、子供が生まれたら……。1LDKを売却し、徒歩10分程度のマンション2LDKか3LDKを買いましょう。その際《さい》、駅から徒歩5分以内の1LDKは中古で売りやすいので、買い手探しに苦労することはありません。

場合によっては、1LDKを賃貸に出し、新たに3LDKは別に住宅ローンを組んで購入することもできます。

駅に近く便利な立地の１ＬＤＫなら、駅から離れた一戸建てと異《こと》なり、売る場合も、貸す場合も相手探しに苦労しません。


結局のところ、ご質問者は、父上から相続した一戸建てに住み続けるとしても、それを売却して違う家を購入するとしても、楽しみが多いわけです。

そのような家を残してくれたことを感謝《かんしゃ》すべきでしょう。世の中には、何も残してくれない親や、「残したのはやっかいだけ」という親もいます。家を残してくれたのは、大いなる幸せなのですから。

相談ファイル No.11

軽い気持ちの浮気相手が本気になってしまったどうおさめればいい？

４年付き合っている彼女がいるにもかかわらず、会社の先輩《せんぱい》と軽い気持ちで浮気をしてしまった相談者。先輩から猛《もう》アタックされると逃《に》げ腰になり、彼女にバレずにうまくおさまるにはどうしたらいいかと言います。相談者自ら「自分勝手」と認《みと》める相談を、櫻井先生はどのように受け止め、アドバイスするでしょうか？

相談内容

褒《ほ》められたことでないのは重々承知《しょうち》していますが、ちょっと困《こま》ったことになったので、聞いてください。

ほんの軽い気持ちだったのですが、浮気をしてしまいました。

相手は会社の同じ部門の人で、自分よりふたつ年上の30歳になる先輩です。今の会社に転職して半年になりますが、ルックスがど真ん中だったので、一目見たとき気になった人でした。

でも、彼女は既婚者《きこんしゃ》だったので、女性として意識していたわけではありません。それがあるとき、飲み会で隣の席になり、結婚生活がうまくいっていないことを打ち明けられました。仕事ができると評判《ひょうばん》の人で、強く見えていた彼女から思わぬ弱さを見せられ、その流れでつい……。

それからというもの、彼女に迫《せま》られるようになってしまいました。いくら結婚生活がうまくいっていなくても、既婚者なら一定の節度《せつど》は保《たも》つだろうと思っていましたが、そんなことはありませんでした。頻繁《ひんぱん》にＬＩＮＥが来るのは当たり前。電話もよくかかってきます。それだけならまだしも、職場で思わせぶりな態度を取られると、肝《きも》が冷えます。

避《さ》けていることは伝わっていると思うのですが、まったく臆《おく》さずグイグイ来るので、はっきり断るのは怖《こわ》すぎます。後から言われたのですが、彼女も自分のことが気になっていたそうで、チャンスをうかがっていたらしいんですよね。

言いにくいのですが、自分には付き合って4年になる彼女がいます。このところ少しマンネリ気味《ぎみ》ではありましたが、自分のみっともないところもいっぱい知っている彼女と別れる気はまったくありません。むしろ彼女がどれだけ大切な存在か、今、痛感《つうかん》しています。だから、自分勝手だとは思いますが、何とかバレることなく、うまくおさまってほしいです。

どうしたらいいでしょうか？

（28歳　会社員男性）

櫻井先生の回答

ご自身でも自覚されているとおり、誠《まこと》にもって自分勝手なご質問です（笑）。自分がモテると自慢《じまん》しているようにも思えます。いや、実際にモテていますね。

でも、そんなことわざわざ言わなくてもいいのに、と思います。

が、そこに、ご質問者の「恋愛力」が示されているのではないでしょうか。

「恋愛力」とは、私が考え出した言葉で、恋愛状態に入りやすい体質というか、心の状態を表したものです。

世の中には、「ああ、この人は恋愛には向かないな」と思える人がいます。

他人よりも自分自身が好きな人。

自慢話や他人の悪口ばかりを言っている人……。

要《よう》するに、心を開くことができない人です。

それに対し、恋愛力の高い人は、自分の弱みをさらけ出すことに慣《な》れています。

昔から苦手なことがあり、それがコンプレックスになっている。

これは好きだけど、ホントのことをいうと、あれは虫唾《むしず》が走るくらい嫌《きら》い。

そういう本心を打ち明けられると、相手も自分の弱みを打ち明けたくなります。

お互いに弱みを見せ合ったら、それはもう「恋愛」です。

ご質問者は、臆面《おくめん》もなく、ご自身の恋愛について書いてくれました。そして、それを読んだ私は嫌《いや》な感じを受けませんでした。それは、ご質問者の恋愛力が高い証拠《しょうこ》。別の言い方をすると、心を開いた恋愛体質である、もしくは恋愛に入りやすいタイプである証拠です。

心を開いて日々を過ごせば、いろいろな人が飛び込んできます。それは避けられません。

今回は夫ある年上の女性が飛び込んで来ました。

かなり、本気のようです。

相手の女性が、現在の夫婦生活に不満があるのは事実でしょう。でも、「次」が決まっていないと、離婚を切り出すことができないという人は少なくありません。

そこに、ちょうどいい「次」が見つかった、というところでしょうか。

好みのルックスで、話をしたら、ますます気に入った。深い関係になったら、離《はな》したくなくなった……相手の女性がそういう気持ちになっているとすれば、ご質問者は覚悟《かくご》を決めるべきです。

さて、ここからが問題です。ご質問者の恋愛力が高いのは事実です。

しかし、結婚力は低そうです。

まず、4年も付き合っている女性がいるのに、結婚せず、マンネリだと思っています。今、別の女性と家庭を持つかもしれない可能性が出たので、マンネリ女性への未練《みれん》が生じた。

ここで、ご質問者に、逆に質問しましょう。

年上女性ときっぱり別れることができたら、マンネリ女性とめでたくゴールインするのでしょうか。ずるずるとしたマンネリ状態に戻り、結婚には至《いた》らないのではないでしょうか。

結局、恋愛ごっこは好きだけど、結婚は決断《けつだん》できない。それ以前に、相手を本気で愛することができないのかもしれません。

厳《きび》しいことを申し上げると、ご質問者は、好きな女性を追い求《もと》め、落とすことが好きなだけなのでしょう。その証拠に、ご質問内容に、「好き」とか「愛している」の言葉が一切《いっさい》ありません。

恋愛力が高いのに、本気で相手を愛することができない。これは、罪《つみ》作りな状況ですし、ご質問者本人にとっても不幸なことです。

本気で好きになった相手、愛を感じる相手であれば、年上だろうが、既婚者だろうが、そんなことなんの問題にもなりません。

「一緒に暮らすことができれば、それだけでよい。他に何もいらない」

となるはずです。これまでの彼女ともそのような気持ちになれなかったので、4年もズルズルした関係を続けているのでしょう。

そうなると、これから先、非常にまずい状況が想定《そうてい》されます。

まず、年上の彼女の「本気」が空回《からまわ》りします。本気でご質問者に迫りますが、ご質問者は結婚に踏《ふ》み切れない。なにしろ、「好きでもない。愛してもいない」のですから。すると、年上の彼女は取り乱《みだ》すかもしれません。

「もてあそばれた」
「だまされた」

そんなことを言われたら、もう同じ会社にはいられません。
そこで、考えられるのは、破局《はきょく》・退職の道です。
大昔のテレビＣＭに「私は、これで会社を辞《や》めました」と、眼鏡《ねがめ》をかけたサラリーマンが小指を立てるものがありました。

で、タバコをやめるためには、これがいいですよ、と禁煙製品をお勧《すす》めしたCMです。そのCMがバカ受けしたくらい、会社勤めにおいて〝社内恋愛のこじれ〟は、よくある話です。今回の件で、ご質問者が会社を辞めることになっても、そんなに驚《おどろ》くべき事件ではありませんし、やり直しがきく事案《じあん》だと思います。

ちなみに、このようなケースで退職すると、現代では「セクハラのため退社」ということになるようです。

ご質問者へのアドバイスは、「年貢《ねんぐ》を納《おさ》めましょう」です。

年上の彼女とめでたく結《むす》ばれるのが最良です。ご質問者は、どのみち相手を本気で好きになることはできないタイプではないでしょうか。好きになることができないなら、「ルックスがど真ん中」の女性で、問題なしです。めでたく結ばれれば、ご質問者は社内でヒーローになります。

「好きな女性を奪《うば》い取った情熱家」

「一途《いちず》な男」……。

いずれも、間違った評価《ひょうか》です。

でも、「年上女性をもてあそんだ、ずるい奴《やつ》」とか「遊びで次から次に女性に手を出す、いい加減な男」と言われるよりマシです。

最後に、オマケのアドバイスをしましょう。

覚悟《かくご》を決めて年上女性と残りの人生を歩《あゆ》む、と決めた後、思わぬ方向に事態《じたい》が進む可能性があります。

というのも、年上女性が離婚を切り出したとき、その夫が「待ってました！」とは言い出さない可能性があるからです。だいたい、男は「逃《に》げるものを追いかけたくなる」習性《しゅうせい》があります。そして、自分のものが人に取られそうになると、急に惜《お》しくなる傾向《けいこう》も。

ご質問者の出現が刺激《しげき》となり、年上女性の夫婦関係が劇的《げきてき》に改善される可能性がありますす。その結果、年上女性から「ごめんね、私との結婚は諦《あきら》めて」と切り出されるかもしれません。

そのとき、ご質問者はホッとするのか。

それとも、生まれて初めて「愛」に気づいて、雨の中、傘《かさ》も差さずに泣き濡《ぬ》れるのか……。

どちらもわるい出来事ではありません。

だいたい、ここまでの出来事に悪人も失敗もありません。人生に華《はな》を添《そ》える出来事ばかりではないでしょうか。「若気《わかげ》の至り」という言葉がありますが、「若気の至り」を一度も経験せずに年老《としお》いてしまう人は少なくないのです。

そのありがたさをご質問者はかみしめていただきたいと思います。

住宅ローンの審査《しんさ》に落ちてしまった 妻にどう話せばいい？

理想の住まいを見つけ、購入すると決めたときは、誰もが今後の生活に夢を膨《ふく》らませることでしょう。しかし、何の問題もなく購入できると思っていたのに、住宅ローンを申し込んだ相談者は、まさかの審査落ち……楽しみにしている妻に話せないという相談に対する櫻井先生のアドバイスは、まさにプロのものでした。

相談内容

櫻井先生こんにちは。

今年に入って妻と新築マンションのモデルルームを何件か見学し、共働きの私たちの理想に一番近いマンションを申し込みました！　同時に私のみで住宅ローンの審査をお願いしましたが、何と落ちてしまいました……。

年収や勤めている会社に問題はなさそうなので、否決の原因として他に思いつくのは独身時代のカード借入の支払延滞《えんたい》です。

マンションの申し込みをしてから、妻は毎日インテリアのカタログを眺《なが》めたり、とにかく契約を楽しみにしています。私もとても気に入ったマンションなのでどうにかして購入したいです。どのタイミングでどんな風に打ち明けたらいいでしょうか。その他、何か対処《たいしょ》方法はありますか？

（43歳　会社員夫）

櫻井先生の回答

ご質問者は、住宅ローンの審査に落ちてしまったのですね。私も落ちたことがあります。驚《おどろ》くかもしれませんが、評論家として駆《か》け出しの頃は、アルバイトと同じようなもの。「収入が不安定な方には、お金を貸しにくい」と、遠回しに言われました。私の場合、「世間的な信用度は低い」とわかっていましたので、落ちてもショックは少なかったのですが、それでも相当に落ち込んだことを覚《おぼ》えています。

それに比べ、ご質問者は「まさかの審査落ち」だったように読み取れます。そのショックが大きく、奥様にも言い出せないでいるのでしょう。

しかし、「ローン審査に落ちた」ことを奥様に話さないのは、正しいことでしょうか?

誰だって、ローン審査に落ちたら、いい気持ちはしません。がっかりするし、自分に腹が立つかもしれません。

しかし、女性にとって一番がっかりし、腹が立つのは、自分の夫が隠《かく》しごとをすること、そして夫が自分を頼《たよ》りにしてくれないことではないでしょうか？

私の経験から申し上げると、妻に隠しごとをし続けることはまず無理です。必ず察知《さっち》されます。そして、妻に正直な気持ちを話して頼りにすると、喜んで応《こた》えてくれます。何だか、ウキウキしているように見えることもあります。

だって、夫にとって妻は最も頼りになる味方です。「困《こま》ったときは、私を頼りにしてよ」と奥様は思っているはずです。

もしローン審査が通っていたら、奥様と一緒に喜んだことでしょう。だったら、悲しみも同様です。私は、喜びだけ分かち合えて、悲しみを分かち合えないのでは、本当の夫婦とは言えないのではないかと思っています。

ぜひ、奥様と一緒に事実を受け入れてください。二人で歩《あゆ》んできた山あり谷ありの道の中で考えれば、ローンに落ちたことなど、ちっぽけな出来事になるでしょう。

さて、ここから、プロのアドバイスをします。

ご質問から察《さっ》するところ、ご質問者は個人で銀行などに行き、直接ローンの申し込みをしたのではないでしょうか？

中古住宅を買うときなどには、個人で住宅ローンの申し込みをしなければならないことがあります。その場合、「金融機関」対「個人」の交渉《こうしょう》となり、総《そう》じて個人の力で太刀《たち》打《う》ちするには限界が出てきます。

というのも、銀行などの金融機関はそのときの事情により、貸し出しに積極的になったり、慎重《しんちょう》になったりすることがあるからです。個人だと、その影響《えいきょう》を受けやすいのです。

そこで打ち出したいのは、間に不動産会社を入れるという手です。

たとえば、新築マンションや新築の建売《たてうり》住宅を買うときは、間に不動産会社の社員が入ってくれます。具体的にいえば、販売センターにいる販売員の方々ですね。

その人達が、銀行等との交渉役となり、折衝《せっしょう》をしてくれますし、提携《ていけい》ローン、フラット35など、色々なローンからあなたに合った最良のものを選んでくれます。「最初の条件では無理だったが、こうすれば大丈夫」というような道を探してくれもします。

つまり、金融機関との交渉力も強く、いわば住宅ローンを通すプロです。その力を大いに利用すること、それが次の手段だと考えられます。

諦《あきら》める前にまだ方法はあります、がんばって行きましょう！

相談ファイル No.13

お節介《せっかい》な隣人《りんじん》にうんざり 適度《てきど》な距離を保《たも》つための いい方法はない？

理想のマイホームを購入できたら、誰もがうれしいことでしょう。ところがそこに、お節介で詮索《せんさく》好きな隣人が住んでいたら、どうでしょうか？　相談者は購入したことを早々に後悔《こうかい》するようになり、勇気を持って拒否《きょひ》する姿勢《しせい》を見せないといけないかと悩みます。そんな隣人問題に、有効な解決策はあるのでしょうか？

相談内容

櫻井先生、はじめまして。

ご近所づきあいについて相談させてください。

結婚して3年。子供が生まれたのを機に、ファミリータイプのマンションの購入に踏《ふ》み切り、築10年の中古物件ですが、納得《なっとく》のいくマンションを見つけることができました。今、引っ越して3カ月が経《た》つところです。

新しい住まいは生活に便利な街にあって住みやすく、駅から徒歩5分。交通の便《べん》もよく、大変気に入っていますが、ひとつ困《こま》ったことがあります。

それは隣に苦手な人が住んでいることです。

ひと言で言うとお節介なんです。わるい人ではないと思いますが、とにかく話好きで、しょっちゅうお裾分《すそわ》けと称《しょう》して家に来たり、プライベートなことを馴《な》れ馴《な》れしく尋《たず》ねてきたりするので、戸惑《とまど》っています。
3年前に還暦《かんれき》を迎《むか》えたそうで、旦那《だんな》さんに先立たれたらしく、娘さんも家から出ていって、一人で住むのは寂《さび》しいと言うので、最初は気の毒に思う気持ちもありました。娘さんと同じ年齢の私を娘みたいに思っているようなので、程よい距離感なら拒《こば》むつもりはありませんが、あまりに頻繁《ひんぱん》に近寄られると、うんざりしてしまいます。

夫は私以上に何でも丸く収《おさ》めようとするタイプのため、私がはっきりと拒絶《きょぜつ》の意を示すしかないかと思い始めていますが、やはり角《かど》が立つことを言うのも気が引けます。賃貸ならすぐに引っ越せたのにと、少し後悔し始めており、このままではせっかく見つけたいい住まいが、嫌《きら》いになってしまいそうです。
隣人対策。何か有効な方法はないでしょうか?

（33歳　女性）

櫻井先生の回答

これは、難《むずか》しい問題です。

普通は、近所づきあいに節度《せつど》を持つものです。必要以上に、踏《ふ》み込まない。嫌《いや》がられるようなことはしない。というように、ご近所との間に境界線《きょうかいせん》を引き、そこから先に進まないようにするものです。

多くの人は、他人から疎《うと》んじられるのを避《さ》けようとします。まして、末永《すえなが》いお付き合いになるご近所さんとは、つかず離《はな》れずの距離感を保《たも》とうとします。

仲良くなりすぎると、相手の嫌な面も見えてきます。それで、腹《はら》を立てるシーンもあるでしょう。隣町に住んでいる友人との間なら、そういう軋轢《あつれき》も「後になれば、楽しい思い出」ということになるのですが、ご近所さんでは困ります。

すぐ近くに住んでいるので、冷却期間《れいきゃくきかん》を置く、というようなことをしにくくなるからです。

近くに住んでいるからこそ、ほどほどの距離感が必要なのですね。

ところが、ご質問者のご近所さんには、「ほどほどの距離感」の発想《はっそう》が欠如《けつじょ》しているようです。

そういう方は、これまでの人生においても、人間関係で失敗していることが多かったのではないか、などと余計な詮索をしてしまいます。結果、友人や親族からも距離を置かれる。だから、ご近所さんにつながりを求《もと》めてくる……そんなことも思い浮かんでしまいます。

詮索好き、というのも困ります。

私が知っている限り、詮索好きな方は、噂話《うわさばなし》が好きという側面《そくめん》もあります。

ご質問者から聞き出したことを、他人に話しやすいわけです。

他人の噂話は、誰でも耳を傾《かたむ》けるもの。だから、対人関係をうまく築《きず》くことができない人は、噂話によって他人の関心をつなぎ止めようとします。そういう性格の人であれば、隣に新しい人が引っ越してきたら、興味津々《きょうみしんしん》。いろいろ話をしたくて我慢《がまん》できないのかもしれません。

一方で、自尊心《じそんしん》が強く、自分がいかに優《すぐ》れているかを度々《たびたび》話し、「すごいですねえ」と褒《ほ》められると、うっとりする……以上は、私が知っている「困った人」のパターンです。

お隣さんにも、その傾向《けいこう》がありそうです。娘さんが家を出ていった理由にも、そのへんが関係しているのかもしれません。さらにいえば、ご質問者が購入した中古住宅――その前の持ち主も、お隣さんが原因で、売却《ばいきゃく》・引っ越しを行った可能性があります。

申し上げにくいことですが、今回の中古マンション購入は失敗だったのかもしれません。家自体は気に入っていらっしゃる、ということなので、とても残念だと、私も思います。

でもねえ、と考えましょう。

失敗は、人生に付きものです。誰でも、失敗します。

付き合い始めた彼が背が高く、ハンサムで、経済力もある。しかし、性格に難《なん》があった。捨《す》てるのはもったいないし、世間体《せけんてい》もわるいと思う反面、この性格の人と死ぬまで一緒に暮らすのか、と考えると、うんざりする。

そういうとき、どうするでしょうか。

別れることの損失《そんしつ》やみっともなさ、心の傷を考えれば、このまま穏便《おんびん》に結婚までゆく途《みち》も考えられます。でも、これから先の人生を考えて、きっぱり別れるのではないでしょうか。

結局、今回も、そういう問題だと思います。

申し訳ないのですが、対人関係で少々問題ありの隣人とうまく折り合いを付ける方法は思いつきません。

思い切って「距離を置きたい」と話し、それでうまくゆくと太鼓判《たいこばん》を押すことができないのです。

ダメ元で、お隣さんに話すこともいいでしょう。

しかし、それで事態《じたい》が好転するかどうか……。なにしろ、実の娘が家を出てしまい、隣の住戸《じゅうこ》（今、ご質問者が住んでいる住戸です）の前の持ち主も売却した（かもしれない）のですから。

中古で売却する場合、買い手は見つけやすいでしょう。なにしろ、ご質問者が気に入った立地、間取りですから。もちろん、買ってすぐの売却ですから、少なからぬ損が出ます。

しかし、失敗に「損」は付きもの。その「損」でこれからの人生の「得」を取ると考えればよいのです。ダメ男と縁《えん》を切るときのように。

「最後は、売って出て行けばよいので」と思えば、気が楽でしょう。お隣さんと距離を置くために、いろいろ試《ため》して、それでもダメなら、最終手段に踏み切ることをお勧《すす》めします。

再婚をすることになった 離《はな》れて暮らす子供に どう伝えたらいい？

親であれば、子供の心を傷つけたくないと思うのは当然のこと。それは離婚によって、子供と離れて暮らしていても変わらないものでしょう。今回の相談は、復縁《ふくえん》を望む子供に対して、再婚が決まったことを告げられないというもの。そんな悩みに対し、櫻井先生は逃《に》げずに認《みと》めてもらう努力をするべきと説《と》きました。

相談内容

このたび再婚することになったのですが、それを子供たちにどう伝えるか悩んでいます。

前の妻とは離婚して4年が経《た》ちます。原因は性格の不一致といったところでしょうか。当時10歳の娘と7歳の息子のことを思うと、つらく難《むずか》しい決断でした。

今思えば、当時は私も感情的になっていて、至《いた》らない部分もあったと思います。しかし、前の妻とはどうにも埋《う》められない溝《みぞ》が生じてしまい、あの頃はストレスが溜《た》まる一方でした。何より家庭の雰囲気が最悪になってしまったので、離婚は仕方のない選択《せんたく》だったと思います。

親権《しんけん》は前の妻に渡しました。子供たちと離れて暮らすのは悲しいことでしたが、日常的に連絡を取ることや、定期的に会うことは認められたので、子供たちの成長を見守ることはでき、子供たちとは今でもいい関係を築《きず》けています。

そうした中、仕事の関係でいい出会いに恵《めぐ》まれ、1年の交際期間を経《へ》て、再婚することになりました。彼女は初婚ですが、うまくいかなかった私の前の結婚生活もすべて受け止め、理解してくれており、自分にはもったいないくらいできた人です。なので、再婚の決意が揺《ゆ》らぐことはありませんが、再婚することをどう子供たちに伝えるか、そのことを考えると気が重くなります。

子供たちがどう思うにしても、ごまかすことなく、きちんと伝えたいとは思っています。ただ子供たちの話によれば、前の妻は仕事に追われるような毎日を送っているらしく、再婚の気配はまったくないみたいで、はっきりと言われたわけではありませんが、特に上の娘が私との復縁を期待しているように思います。

私の再婚は復縁の可能性を潰《つぶ》してしまうことになるので、また子供たちの心を傷つけてしまうのではないかと思うと心苦しく、どう話せばいいのか、それともいっそ話さない方がいいのか、まるで正解が見えません。

こんなとき、どうすればいいと思いますか？

ご教示《きょうじ》のほど、よろしくお願いいたします。

（41歳　会社員男性）

櫻井先生の回答

これは話すべきです。

話さないほうが、子供を傷つけなくて済む、と考えがちです。しかし、その裏には、「できれば話したくないんだよね」という気持ちがないでしょうか。

このままずるずると進めてもいいのではないか。
もうこれ以上、波風を立てなくてもよいのではないか……。

そんな気持ちも、「その話」を棚《たな》上げすることを後押《あとお》しします。

でも、子供はずっと知らないままで済むでしょうか。

棚上げしている間に、新しい連れ合いとの間に子供が生まれるかもしれません。

すると、棚上げしている荷物がまた増えてしまいます。

子供はいずれ、知ってしまうものです。それは、子供が中年になってからかもしれませんが、もっと若い時期かもしれません。多くの場合、中年になるまで知らなかった、ということはなく、もっと若いうちに知るはずです。

もしかしたら、3カ月後、半年後にそのときがやってくるかもしれません。

そうなったときのことを考えください。

ご質問者は、棚上げした荷物をほどき、これまでの経緯《けいい》とともに、なぜ棚上げしていたのかも話さなければなりません。

そのときに、「でも、君は私の大事な子であることに変わりはない」と説明しても、受け入れてもらえるかどうか。受け入れてもらえるとしても、相当に時間がかかるはずです。

その事実を他から知らされた子供は裏切られた、という気持ちになり、大きな溝ができてしまうかもしれません。

子供が大切という気持ちがあるのなら、大切な存在として尊重《そんちょう》すべきです。

「君はとても大事な存在であることに変わりはない。しかし、残念ながら、君の母親とは理想的な関係を築くことができなかった。なので、君に悲しい思いをさせていることを申し訳なく思っている」

そういう気持ちを言葉に出して伝えましょう。

その上で、今、結婚を考えている女性ができた。できれば、君に認めてほしい、と打ち明けてください。

「認めたくない」と言われてしまうでしょうね。

でも、説得してください。説得できなければ、再婚は諦《あきら》める、というくらいの意志で。それが、子に対する親の責任というものではないでしょうか。

ご質問には書かれていませんが、ご質問者は養育費を十分に届けていらっしゃると思います。だからこそ、子供との関係も良好に保《たも》たれているのでは、と拝察《はいさつ》されます。

ご質問者は、残念ながら「共に暮らす」生活を守ることはできませんでしたが、親としての責任を放棄《ほうき》してはいません。だからこそ、子供に対して責任を持ち続けてほしいと思います。

子供に対して正面から再婚のことを告げ、再婚を認めてもらう。認めてもらえなければ、認めてもらえるように努力すべきです。どんな状態であっても、子供は「自分のために努力してくれる親」を求《もと》めるものです。そして、「努力してくれる親に認められる子になろう」と、自らも努力します。

ご質問者は、これまで決して子供から逃げてはいません。その立派な態度を今後も続けていただきたいと思います。

相談ファイル No.15

長いこと服を買っておらず買い方がわからないどうすればいい？

今は住宅評論家として名を馳《は》せる櫻井先生ですが、フリーライター時代は他のジャンルでも活躍しており、意外な経歴《けいれき》を持っています。今回の相談は、その頃の経験を存分《ぞんぶん》に活《い》かしたもの。新しい服の買い方がわからないというシニアへの回答は、すぐに実践《じっせん》できる具体的なものばかり。役立つ内容がテンコ盛りです。

相談内容

新しい服を買うには、どうすればいいでしょうか？

これまでずっと女房が買ってきた服を着ているだけでしたが、女房に先立たれて8年。以来、新しい服をまったく買っておらず、手持ちの服はどれも少しくたびれてきました。スタイルもさすがに古くなってきたように感じています。

今は年金生活で悠々自適《ゆうゆうじてき》の暮らしを送っており、服への興味《きょうみ》などなかったのですが、最近うれしいことに孫ができ、ときどき遊びに来てくれます。一緒にご飯を食べに出かけることもあり、そんなときは身なりをきちんとしたいと思うようになったのですが、いかんせん、もう40年近く普段着など買ったことがなく、いまさら服の買い方を相談できる相手もおらず……。

櫻井さんはどうしているのかなと思い、相談させてもらうことにしました。よろしくお願いします。

（72歳　男性）

櫻井先生の回答

シニアのおしゃれ相談ですね。

実は、「待ってました！」の気分です。というのも、私は住宅評論家として看板《かんばん》を掲《かか》げる前は、住宅関係の記事と共に、ファッション関係の記事を書いていたフリーライター時代がありました。ファッション記事を主に書いていたのは「MEN，S CLUB」でした。

その頃の思い出話をひとつ……。

当時の仕事仲間が、米国のサンフランシスコに取材に行きました。彼《か》の地で、ムードある飲食店の入り口を見つけたそうです。

窓はなく、中の様子はうかがえませんが、重厚《じゅうこう》なドアで、なんともよいムード。でも、入り口には屈強《くっきょう》なドアマンが立ち、中に入る人を厳《きび》しく選別《せんべつ》し、馴染《なじ》み客でないと中に入れてくれそうもなかった。それでも、なんとか取材したいと思った仕事仲間は、思い切って「日本から来たレポーターだ」と「MEN，S CLUB」

の名刺《めいし》を出した。

怪訝《けげん》な顔をしていたドアマンは、名刺を見たとたん、「OH！ MEN，S CLUB」とこぼれるような笑顔になり、中に入れてくれた。

「日本のMEN，S CLUBは、世界的に有名なのか」と誇《ほこ》らしく思った仕事仲間は、中に入って、すべてを理解した。

そこは、ゲイの男性だけが集まる秘密《ひみつ》のお店だった……。

当時のMEN，S CLUB編集部のことは、今でも懐《なつ》かしく思い出されますが、昔話はここまでにしましょう。

ご質問は、シニア男性のファッションに関して、ですね。

私には、60歳を過ぎたあたりから心するようになった「シニア男性ファッションの心得《こころえ》」というようなものがあります。

まず、流行遅れになった服はできる限り捨《す》てるようにしました。

取っておけば、いずれ、また着る機会があるかもしれない、と思いがちですが、それは、ありません。わかりやすい例を挙《あ》げると、平成バブル期に流行《はや》った厚めの肩パットが入ったぶかぶかのスーツ。あのスーツは、舞台衣装《ぶたいいしょう》でもない限り、今後、着るわけがありません。

「妻や子との大事な思い出がある服」以外は、思い切って捨てたほうがよいでしょう。

それでも、なかなか捨てることができないのが、ジャケットですね。「結構、高かったんだよなあ」の思いが捨てるのを躊躇《ちゅうちょ》させます。

なんとか着ることはできないか、と袖《そで》を通すと、丈《たけ》が長い。ジャケットではなく、ショートコートではないか、というくらい、やぼったいシルエットです。

かといって、若い人が着ているようなショート丈のジャケットを購入するのは危険です。ショート丈のジャケットは、お尻《しり》がきゅっと締《し》まり、持ち上がった若い男性が着るとスポーティに見えます。が、お尻が緩《ゆる》んで垂《た》れ下がったシニアが着ると、まったくサマになりません。

試着《しちゃく》して、鏡《かがみ》に映《うつ》った後ろ姿を見て、「これは、まずい」とため息が出るほどです。

つまり、ジャケット丈は長いのはイケていないし、短いのもダメ、ということになります。一方で、シニア男性にとって、ジャケットほど有効なファッションアイテムは他にありません。

なにしろ、ジャケットを着ていれば、疲れたシニアもシャンと見えます。腕を通せば、つい胸を張《は》りたくなるのは、長年背広を着て戦い続けてきた企業戦士の性《さが》というものでしょうか。

気分の問題だけでなく、実際にジャケットは崩《くず》れた体形を隠《かく》してくれます。ポケットが多いので、老眼鏡《ろうがんきょう》に補聴器《ほちょうき》、食後に必ず飲む薬、各種カード、電子たばこなどをきっちり格納《かくのう》できる、という便利さも備《そな》えます。ジャケットは、シニアにとってマストなファッションアイテム（翻訳《ほんやく》すると、高齢者にふさわしく、持っておきたい服）となります。

その便利なジャケットを新調《しんちょう》するとしたら、どのような丈にすればいいでしょうか。

お勧《すす》めは、「流行を超越《ちょうえつ》したミドル丈」です。

ミドル丈とは、ジャケットを着て、腕を下ろしたとき、親指の中間にジャケットの裾《すそ》がくる、というのが目安になります。これは、手持ちジャケットの「残す」「捨てる」の選別の目安にもなります。

親指の中間よりも長くても、親指の先までの丈ならば残してもよいでしょう。それよりも長い丈であれば、諦《あきら》めてタンスに戻すか、思い切って捨てたほうがよいでしょう。

肩パットは「なし」か極《きわ》めて薄《うす》いものが入ったものがよく、これをナチュラルショルダーといいます。

襟《えり》の幅《はば》は太すぎず、狭《せま》すぎず、広い部分で8センチ程度であれば、シニア・ジャケットとして完璧《かんぺき》です。

以上の条件を満たしたジャケットは、流行がどのように変化しても「ちゃんとした服」として通用します。「最後の服」として着させてもらえば、彼方《かなた》の世界に行っても、「今度の新入りは、お洒落《しゃれ》だ」と言われるのではないかという鉄板《てっぱん》アイテムとなります。

色は、無地《むじ》の紺《こん》かグレー。紺の場合、ズボン（若い人であればパンツと呼びますが、シニアにはやはりズボンでしょう）は、グレーか茶色がお勧めです。

ただし、明るめのグレーや茶色（ベージュですね）はスポーティな印象《いんしょう》になるものの、ここはあえて回避《かいひ》しましょう。というのも、明るい色のズボンだと食べ物のシミが目立つからです。

食べこぼしや誤嚥《ごえん》による咳《せ》き込みが増えたシニアは、食事の後に思わぬシミを発見してがっかりすることがあります。特に危険なのが、ラーメンやスパゲッティ（パスタ）などの麺《めん》類全般。特に、つけ麺は、つゆが飛びやすいと思うのですが……それは、私だけかもしれません。

脂《あぶら》っ気の多いスープ、ソースによるシミはしつこく残って、いい年したシニアに恥《は》ずかしい思いをさせます。明るいグレーよりもさらにシミが目立つのは、明るいベージュのズボン。とにかくシミが目立つので、小さな子供とシニア男性は、ベージュのズボンを避《さ》けたほうが無難《ぶなん》です。

その点、食べこぼしの跡《あと》を見事に隠滅《いんめつ》してくれるのが濃《こ》いめのグレー（チャコール・グレー）や茶色、紺、そして黒色のズボン。「昼につけ麺を食べましたが、何か？」

と涼《すず》しい顔をして午後を過ごすことができます。

ジャケットがグレーの場合は、ズボンは黒。これに白いシャツを組み合わせれば、文句《もんく》の付けようがないシニアファッションができあがります。

それじゃあ、まるでブレザー制服の高校生みたい、いまさらしたくない、と思うかもしれません。しかし、シンプル・イズ・ベストの言葉が示すとおり、これくらい周囲から好印象を得られる服装はないのです。

だいたい、高校生の制服に採用《さいよう》されるのも、「これを着せとけば、誰でもサマになる」から。誰もが認《みと》める好印象コーディネイトであるわけです。

今までファッションに関心がなかった男性が、急に気合いをいれてお洒落をしようとすると、柄物《がらもの》を選びがちです。チェックやストライプ、横縞《よこじま》などですね。うっかりすると、チェックのズボンにストライプのシャツ、水玉の蝶《ちょう》ネクタイにタータンチェックの帽子《ぼうし》を組み合わせて、吉本新喜劇に出てきそうなキャラに仕上がってしまいます。

女性目線でいえば、男性ファッションは黒いズボンに白いシャツというシンプルな組み合わせが最強だとされます。なにが「最強」なのか、よくわかりませんが、多くの女性に好感を持って受け入れられる男性ファッションは、シンプルということでしょう。

無地ではつまらない、と柄を取り入れて失敗するケースは少なくありません。しかし、「無地」の組み合わせで失敗する人はいません。

シニアのファッションは上品なシンプルさがベストの方向性といえます。

では、そんな服をどこで買えばよいのでしょうか。

ファッション好きで、シニアになるまで継続的《けいぞくてき》に服を買い続けている人であれば、好みのブランドや馴染《なじ》みのセレクトショップなどがあるので、そこに行けばよいでしょう。しかし、これまで自分で服を買ったことがない、という人は、どこに買いに行けばよいか、わからないはずです。

もちろん、デパートに行けば、なんでも揃《そろ》っているので、選び放題《ほうだい》です。が、「品数豊富」というのも、〝買い物初心者〟には困《こま》った状況。何を選んでよいか、わからなくなるからです。

うっかり手に取ったシャツが3万円！ ジャケットが10万円！ というように、年金暮らしにふさわしくない価格設定のものがあるのも危険です。

そこで、私のお勧めは、ユニクロです。

ユニクロにも、ジャケットとズボンが売られており、ゆったりシルエットのものを選べば、シニアにもフィットします。

ズボンは、裾を仕上げたものが多く、ウエストと長さを選べば、裾上げの手間がかかりません。これも、気が短くなったシニアにうってつけです。

さらに、価格も手頃《てごろ》です。昨シーズンの売れ残りでジャストサイズが見つかれば、ジャケットとズボン、シャツで1万円以内に収《おさ》めることも可能です。

安くなっていなくても、2万円でひとそろい買うことができます。まずは、このあたりから「初めての洋服買い」を始めてみてはいかがでしょうか。

ユニクロというと、若い人向けの安い服、というイメージを持っている方がいるかもしれません。しかし、ユニクロには、シニア向けのファッションも品数豊富。

そして、必ずしも安物ではありません。

機能を高めた下着類には、高価と思える服があります。そして、欧米《おうべい》に旅行して、ユニクロの店舗《てんぽ》に入ると、日本で買うより1・5倍から2倍の値付《ねづ》けになっていることに驚《おどろ》きます。その価格設定でも人気なので、日本にやってきた外国人旅行者は銀座や新宿のユニクロに殺到《さっとう》するのです。

ユニクロの服は日本で買うから安いのです。

服の買い物は、シンプルなものから始めて、慣《な》れてきたら、次のステップに入りましょう。次のステップとは、ファッションで「遊ぶ」ことです。

シニアになると、意外な色の服が似合うようになります。

パステルカラーのポロシャツや紫色《むらさきいろ》のセーターなども、意外に似合うことがあります。その理由は、髪《かみ》や眉毛《まゆげ》、髭《ひげ》が白くなることと関連がありそうです。顔周りの色調《しきちょう》が明るめになると、明るい色との違和感《いわかん》がなくなるのかもしれません。

基本的なジャケット、ズボン、シャツをシンプルにまとめたら、赤いベストを加えてみるとか、白シャツの代わりに、ギンガムチェックのシャツを合わせてみる、夏ならば、ピンクの半袖ポロシャツを合わせてみる、といった遊びを少しずつ加えてみてください。

こういった色の遊びができるのも、ユニクロのよいところ。セーター、ポロシャツは特に色数豊富です。その中でも上品な色合いのものを選び、柄は控《ひか》えめにするのが肝心《かんじん》です。

シンプルなジャケット・パンツファッションから、遊び心あふれるポロシャツやセーター選びを楽しむ……そんな服選びの楽しみを味わっていただきたいと思います。

きれいな組み合わせが完成すれば、お孫さんたちに「おじいちゃん、お洒落」と言ってもらえるかもしれません。ご自身の気持ちが若返ることも祈《いの》っております。

娘の様子が気になり心配　心を開いてくれないときは　どう接《せっ》すればいい？

親の勘《かん》は鋭いもの。子供の様子が普段と違えば、「何かある」と気がつき、心配するものです。今回の相談者も、娘を心配して声をかけるものの、返ってくるのは素《そ》っ気《け》ない返事……良好な関係の娘との距離が少しずつ開いていく中、娘とどう接すればいいのかと悩みます。果たして、櫻井先生が語る理想の親の姿とは？

相談内容

こんにちは。22歳の娘のことで相談させてください。

娘とはときどきお買い物や旅行などに行く仲で、比較的関係は良好。しかし、最近は大学やサークル、バイトに加え友達・恋人と出かけたりしており、顔を合わすことも会話をすることもかなり減りました。

そんな娘の様子が最近気になります。長年一緒に生活している母親の勘でしょうか？　何だか普段の彼女らしくなく、何かを抱《かか》えているのではないかと思っています。

最近、私の勤め先の同僚《どうりょう》は、学生の息子の借金が発覚《はっかく》したと話していましたし、少し心配です……。「最近どう？」「何か悩み事はない？」と聞いても、「ない」というだけの娘。

私が娘離《むすめばな》れできていないだけでしょうか？

櫻井先生は娘さんがいらっしゃると拝見《はいけん》しました。うちの娘と同じくらいの年齢かなと思います。ぜひ櫻井先生の、娘さんとの付き合い方についての考えを教えていただきたいです。よろしくお願いします。

（51歳　会社員妻）

櫻井先生の回答

ご質問者は、「会社員妻」となっていますね。ということは、ご夫婦で子供の成長を見守っていらっしゃるのでしょう。

夫婦での子育ては、父親と母親で役割分担が大切だと私は考えています。たとえば、子供を叱《しか》るとき（ときには必要ですね）、母親が叱ったら、父親は黙《だま》って見ていて後で子供を慰《なぐさ》めてあげる役目に回る。そうしないと、母親はしっかり叱ることができません。いけないのは、父母が一緒になって叱ること。それを行うと、子供の気持ちに逃《に》げ場《ば》がなくなります。

同様に、子供のことを心配するときも、片方が心配のオーラを出したら、片方は鷹揚《おうよう》に、のんびり構《かま》えて普段通りにしていた方がいいですね。

ご質問者は母親として、心配でたまらないと思います。お嬢《じょう》さんも、母親が心配していることを感じているはずです。なにしろ女同士、親子ですから、何でも通じ合ってしまいます。でも「お母さん、ゴメン。今はまだ言えない」とか、「こんなことを話せない」と思っているのでしょう。

母親からしたら「そんなことを言わないで。何でも相談してくれればいいのに」、ですよね。相談してもらえれば、たいていのことは解決します。大人からしたら、相談しないのはおかしいし、時間のムダです。歯がゆいですよね。

でも、それは本当に時間のムダでしょうか。

自分がクリアしたゲームを子供がやっている。端《はた》で見ている親は、「そこはこうして。ああ、そっちの道に行っちゃダメ」と口を出したくなります。しかし、口出しすることは、余計なお世話です。失敗してもそれが次の成功につながるのなら、失敗もまた楽し、です。

その楽しみや成長の過程を奪《うば》ってはいけません。ゲームをしている横で、洗濯物《せんたくもの》でも畳《たた》みながら、「やっぱり、そうやりたくなるよね」「そっちの道を選びたくなるよね」と心の中で微笑《ほほえ》む。それが、「成長」を見守る姿勢《しせい》というものでしょう。

「親」という漢字は、「木のそばに立って見る」という姿勢を表すものだと聞いたことがあります。実はこれは俗説《ぞくせつ》らしいのですが、でも、それが親というものなのでしょう。口出しも手出しもせず、ただ見ているだけ。歯がゆいですね。

それでも、心配ありません。子供は、本当に困《こま》ったときは、必ず相談してきます。相談されたら、「そんなことだと思ってたわ」と言ってあげましょう。

「わかってたの？」

「わかってるわよ、何年あなたの母親やっていると思ってるの」

これが、母親の決《き》め台詞《ぜりふ》です。

一方、父親は

「ほう、そんなことが起きていたのか。でも、大丈夫だ。後は任《まか》せておけ」

と、そんな台詞《せりふ》、一度でいいから言ってみたいと私は思っています。

相談ファイル No.17

最後の転勤にあわせて住宅の購入を検討したい最良の老後の住まいは？

ある程度の年齢で住宅を購入する場合、終《つい》の棲家《すみか》を意識することでしょう。誰でも理想の住まいで暮らしたいと願うものですが、価値観は人によって異《こと》なるためその答えは一概《いちがい》に言えません。しかし、理想の老後の住まいなら、明確《めいかく》な答えがあるもの。櫻井先生はそのポイントを挙《あ》げて、わかりやすく教えてくれました。

相談内容

櫻井先生、はじめまして。住まいのことで教えてください。

うちの夫は転勤族で、子供がいないこともあり、私もずっと夫についていろんな街で暮らしてきました。住みやすかったところも、そうでなかったところもありましたが、どこに行っても社宅が用意されていたので、これまで住まいについて、あまり真剣《しんけん》に考えたことはありませんでした。

ところが、夫が50歳を目前にまた転勤となり、ずっと希望していた首都圏に勤務できることになりました。どうやらこれが最後の転勤になるらしく、もう定年まで動くことはないみたいです。そう聞くと、今後の住まいのことが急に気になってきました。

とりあえず、今はまた社宅に住んでいますので、急いでどこか見つける必要はないのですが、社宅はいつかは出ていくものですし、そろそろ自分の家を持つことを検討してもいいのかなと思い始めています。

ただ、これから家を買うとなると、終の棲家になりますよね。そう思うと慎重《しんちょう》になりますし、何から検討すればいいのかもわかりません。

最良の老後の住まいって、どんな形なのでしょうか？

櫻井先生の知っている事例など、教えていただけたらうれしいです。

（48歳　専業主婦）

櫻井先生の回答

どんな家が理想か、と聞かれた場合、「それは、人によって異なります」と答えざるを得ません。都心の超高層マンションが適《てき》した人がいますし、過疎地《かそち》の古民家《こみんか》がふさわしい生き方の人もいます。暮らし方の方向性も、生活基盤《せいかつきばん》も人それぞれなので、「これが理想」と絞《しぼ》り込むことができないからです。

しかし、「理想の、老後の住まいは」と聞かれれば、明確な答えが出てきます。

それは、「楽に暮らせる家」です。

1階にリビングダイニングキッチンと浴室《よくしつ》があり、寝室は2階という場合、階段の昇《のぼ》り降《お》りがやがて苦痛になります。「楽」な住まいとは言えません。毎日買い物に行くスーパーマーケットが遠く離《はな》れた家も「楽」ではありませんね。

老後の住まいとして、誰にとっても「楽」に暮らせる条件を考えると、

- 買い物が便利
- 医療機関が利用しやすい
- 銀行や郵便局が近い
- 坂が少ない
- 駅やバス停に近い

というような項目《こうもく》があります。

これに加えて、読書好きならば、大きな図書館に近いこと、連れ合いが病気がちであれば、入院したときに見舞いに通いやすいこと、ペットを飼《か》っていれば、一戸建てかペットの飼育《しいく》可能なマンションで動物病院に近いことなど……人それぞれの条件を考え合わせれば、老後の暮らしにふさわしい住宅の立地条件がみえてくるはずです。

以上の条件の中でも、優先順位が高いのは、「買い物が便利」と「医療機関が利用しやすい」ことです。

会社勤めや役所勤めをリタイアしても、人生、最後まで残る仕事は「買い物」と「通院」です。それらが身近に揃《そろ》う住宅であれば、介護が必要になるまで、不満なく暮らすことができます。

以前、70代の女性に、1階にスーパーマーケットとクリニックが入っているマンションをお勧《すす》めしたことがあります。15年ほど経《た》ってから、その女性と会ったら、「90歳を過ぎても、暮らしやすいわあ」と満面《まんめん》の笑《え》みでした。

あまりに暮らしやすいので、その娘さん（60代です）が、一戸建てを売却《ばいきゃく》して、同じマンション内の中古住戸《じゅうこ》を購入して引っ越してきたそうです。

一戸建ての場合、どうしたって、道路から家の中に入るまで、数段のステップが生じますし、家の中にも段差《だんさ》があります。

そして、高齢になり、一人暮らしで一戸建てに住むのは怖《こわ》いものです。深夜、静かになると、家の外側だけでなく、内側でもなにか物音がして……。そのたびに、震《ふる》え上がることが珍《めずら》しくありません。

その点、マンションはエレベーター利用で、フルフラットの生活が実現します。駅の近くなど、便利な場所にあるのも、マンションの利点。防犯性《ぼうはんせい》が高いし、最近は管理員が電球の交換《こうかん》やパソコンのセッティングを手伝ってくれるところも増えているので、「年を取ったら、マンション暮らしのほうが楽」といえます。

といっても、都心や郊外《こうがい》でも駅に近い場所に立地し、生活便利なマンションは価格が高くなります。

郊外で駅から徒歩10分の新築建売《たてうり》住宅3LDKが4500万円で購入できるとき、駅から徒歩3分の新築マンション3LDKは5000万円以上します。シニアの夫婦二人暮らしだから、2LDKでよい、となっても、4000万円から4500万円……結構高いです。

しかし、駅から徒歩3分以内のマンションは、将来、中古で売るときも値下がりしにくいものです。新築時4500万円のマンション2LDKを10年後に売却したとき、4000万円から4500万円で売れるケースが多くなります。買ったときとほとんど変わらないわけです。

場合によっては、中古で売ったら、新築で買ったときよりも1割から2割値上がりした、ということもあります。だから、駅近《えきちか》マンションは人気が高く、新築時価格が年々上がり続けているのですね。

中古で値下がりしにくければ、将来、高齢者施設に移るときにも有利です。ご質問者は、子供がいない二人暮らしとのことですので、将来、中古で売りやすい駅近のマンションがお勧めでしょう。

購入に際《さい》しては、預貯金《よちょきん》があっても、35年返済《へんさい》の全額ローンを組みましょう。そうすれば、10年間、住宅ローン控除《こうじょ》で税金が戻ってきます。住宅ローン控除が終わった11年目に、預貯金で住宅ローンの残債《ざんさい》を精算《せいさん》（全額、もしくは一部だけでも）するのがお得です。

駅に近い便利な場所のマンション2LDKか1LDKで始める新しい暮らしは、これまでにない刺激《しげき》や楽しみに満ちているでしょう。

刺激や楽しみを満喫《まんきつ》していただきたいものです。

相談ファイル No.18

結婚を決めた彼が まさかの猫アレルギー どうすればいい？

ずっと猫と一緒に暮らしてきた相談者。結婚をしても猫を飼《か》うことが当たり前と思っていたのに、パートナーが猫アレルギーと知って、愕然《がくぜん》とします。結婚を思い止まることまで考える相談者に対し、自身も愛猫家《あいびょうか》である櫻井先生は猫の大切さには理解を示しつつも、迷《まよ》いの根源《こんげん》は別にあるのではないかと指摘《してき》しました。

相談内容

大好きな彼からプロポーズされて、結婚することになりました。とても幸せだったのですが、お互いに実家で暮らしているので、一緒に住むところを探し始めたら、大問題が発覚《はっかく》してしまいました。

私は猫が大好きで、ずっと猫と一緒に暮らしてきました。なので当然、結婚後も猫と一緒に暮らすつもりでしたが、彼がペットは苦手だと言うのです。付き合っていたときから、猫の話はよくしていたので、彼も私の猫好きはよく知っているはず。それなのに、猫と一緒に暮らすのは嫌《いや》だなんて……。

彼いわく「猫が好きなのはわかっていたけど、どうしても飼いたいとまで思っているとは思わなかった」そうで、話を聞いている分にはおもしろいし、写真で見る分にはかわいいけど、アレルギーもあるので一緒に暮らすのは考えられないそうです。それにペット可で入居できるところしか探せないのも、選択肢《せんたくし》が狭《せば》まるから避《さ》けたいと言われました。

私としては「なぜ、そんな大事なことを、いまさら言うの？」という気分です。優しい人なので、私が好きなものに水を差したくなかったんだろうとは思いますが、2年間も付き合っていたのに、どこかのタイミングで言う機会はなかったのかなと思ってしまいました。

今でも彼が好きなことに変わりはありません。素敵な人だし、一緒にいたいと思える人です。でも、猫のいない生活は考えられません。このまま本当に結婚していいのかとさえ思ってしまいますが、だからといって、彼と別れて他の人と結婚するというのも考えられません。お互いの両親への挨拶《あいさつ》も終わっているし……。

母からは「アレルギーなら仕方ないんじゃない」と言われましたが、納得《なっとく》できません。櫻井さんは猫を飼っていますよね。だから、きっと私の味方だと思いますが、こんなときどうすればいいですか？　ペットでもめるパートナーって、どうしていますか？

（31歳　会社員女性）

櫻井先生の回答

はい、私は猫を飼っています。

すべて、野良《のら》出身のミックスです。

一方で、身内にアレルギーの人間がいて、アレルギーの怖《こわ》さも知っています。猫アレルギーの場合、くしゃみや目のかゆみくらいならよいのですが、人によっては皮膚《ひふ》に発疹が出たり、ぜんそく状態になることがあるようです。そうなると、放置《ほうち》しておくわけにはいきません。

私は医学の専門家ではないので伝え聞きの情報ですが、ぜんそくや呼吸困難《こんなん》が出るのは、喉《のど》の粘膜《ねんまく》に発疹のようなものができるからだそうです。

最悪の場合、発疹が気管《きかん》を塞《ふさ》ぎ、呼吸ができなくなって死に至《いた》る……アレルギーで怖いのは、この呼吸困難が生じることです。

猫アレルギーで死に至るまでの症状《しょうじょう》が出るかどうかはわかりません。しかし、人によっては、つらい症状が出る可能性はあると思います。そう考えると、「アレルギーなら仕方ないんじゃない」という母上の言葉は当《とう》を得ていると思います。

母上があっさり結論をだし、ご質問者の苦悩《くのう》を取り合わないのは、「猫を取るか、彼との結婚を取るかなら、結論は決まっているでしょ」ということなのでしょう。

そんなにはっきり言われると、ご質問者としては、ムッとしますよね。「私にとって、猫は、そんなに軽い存在《そんざい》ではない」と。なんだったら、「猫をとって、彼を捨《す》ててもよい！」と啖呵《たんか》のひとつも切りたくなるでしょう。

そりゃあ、そうです。

猫は大事なものです。あのしなやかな肢体《したい》とわがままな心。朝、起こしに来るとき爪《つめ》を隠《かく》した前足で、ポンポンと頬《ほお》を叩《たた》かれる心地《ここち》よさといったら……。

その猫との暮らしが考えられない、と言い切る男なんて、あっさり捨て去ってやりましょう。それで、明日から自宅で猫との暮らしが待っています。今まで通りで、何も変わらない生活です。

その生活を思い浮かべて「心から幸せ」と思い、晴れやかな気持ちになるのであれば、やはり彼との結婚はやめたほうがいいでしょう。

猫を飼う、飼わない、は、実は言い訳に過ぎないのではないでしょうか。

本心は、彼との結婚に疑問《ぎもん》が生じ、結婚をやめる理由として、猫を引き合いに出しているだけでは。

本当に彼を愛しているのなら、猫なんて、問題にはなりません。

もちろん、「山の中に捨ててこい」と言われれば、抵抗《ていこう》があるでしょう。しかし、捨てるわけではなく、実家に置いてゆくだけです。会いたければ、実家に帰ればよいのです。週末は実家に泊《と》まり、猫と一緒に寝ることもできます。

結婚後は、おそらく共働きになるでしょうから、誰もいない家に置いておくよりも、母上がいる実家で1日を過ごすほうが、猫にとっても幸せではないでしょうか。

猫と彼を天秤《てんびん》にかけ、彼をとったとしても、猫を失うわけではありません。一緒に過ごす時間が短くなるだけ。つまり、猫を手放《てばな》さずに済み、彼との結婚も手に入れることができる。

ふたつが手に入る理想的な結論があるのに、それを拒否《きょひ》し、猫だけを取るのは、彼との生活に魅力《みりょく》を感じていないから、と思わざるを得ません。

もしくは、今までの生活を捨て、新しい生活に入ることへの不安が大きいから、かもしれません。

もう一度、考えてみてください。

彼との結婚を放棄《ほうき》してもよいのでしょうか。

新しい生活への不安はあるでしょう。それは、誰にもあります。親の庇護《ひご》下から、自分たち二人だけの生活です。どちらかを選べと言われれば、親と一緒のほうが安心です。好きなことだけを行い、嫌なことはしなくてよい。ご飯の支度《したく》、トイレ掃除に風呂掃除をしなくて済みます。電気代とかガス代、水道料金も払わずに済みます。

できることなら、このままでいたい、と実家暮らしを続けている若い人は、男性でも女性でもそう考えがちです。

そう考えているんだろうな、と思うから、母上も「アレルギーなら仕方ないんじゃない」と突き放したようにしているのではないでしょうか。

もし、ご質問者が実家暮らしではなく、一人暮らしをしていたのなら、心情《しんじょう》は大きく違っていたはずです。一人暮らしの寂《さび》しさや不安、金銭的な大変さを経験した身であれば、結婚生活の温《ぬく》もりや安心感はもっと魅力的に感じられるはずです。

ご質問者が今、迷っているのは、猫を飼うか、飼わないか、ではありません。結婚生活に踏《ふ》み出すか、踏み出さないか、です。

私は、踏み出すべきだと思います。
踏み出すことで、実は失うものはないのです。ご両親は、結婚してくれたことで、大きな安心を得ます。前述《ぜんじゅつ》したとおり、猫と会うこともできます。
将来は、親と同居するかもしれません。そのとき、母屋《おもや》とは別にご質問者夫婦のための新居を同じ敷地内《しきちない》に建てれば、彼は猫と接《せっ》することなく、ご質問者は猫との生活を再開できるでしょう。

もっとも、そのときは、新たな命を授《さず》かっているかもしれませんね。

それは、猫よりもずっとわがままで、とてつもなく面倒《めんどう》で、はるかに強い力でしがみついてくるし、ときにじっと見つめてきて天使のように笑う生命です。

子育てをした後、猫を飼う喜びはさらに深まるかもしれませんが、それは、将来のお楽しみです。

今、ご質問者が直面しているのは、猫を飼うか、飼わないかではない、と前述しました。

今、直面しているのは、今までの生活を守るか、新しい生活を切り開くか、です。

前者はぬるま湯につかっているような楽さはありますが、ぬるま湯はいずれ冷《さ》めてしまうものです。

後者は、茨《いばら》の道に思えます。でも、その先には、いくつもの光が隠《かく》れています。

もし、茨だけの道だったら……そのときは、戻るべき家があります。そう考えれば、気が楽になるでしょう。

思い切って、踏み出すべきです。

相談ファイル No.19

叔父《おじ》の住まいが ゴミ屋敷《やしき》になってしまった 何かいい解決策は？

子供の頃は大人の人が頼《たの》もしく見えることってありますよね。しかし、そんな頼もしかった人が、いつの間にかゴミ屋敷で暮らすようになってしまったことを知った相談者は、いたたまれない気持ちになります。親戚《しんせき》一同、誰もが目を背《そむ》ける中で、何とかしたいと思う心優しい女性に、櫻井先生が送るアドバイスとは？

相談内容

先日、祖母の七回忌《ななかいき》があったのですが、そこでショックな話を聞いてしまいました。私から見て叔父にあたる母の弟の住まいが、ゴミ屋敷と化《か》しているそうなんです。

叔父は55歳でずっと独身。生まれ育った実家に一人で暮らしています。少し頑固《がんこ》な一面があるとは思っていましたが、まさかそんなことになっているなんて……。

私が小さい頃の叔父のイメージは、「全国各地によく出張をしている忙《いそが》しい人」で、バリバリ働いている印象《いんしょう》でした。ところが、一緒に暮らしていた実の母にあたる私の祖母が亡くなると、仕事に身が入らなくなったようで、少しずつ様子がおかしくなっていったとのこと。早期退職制度に応募《おうぼ》して会社を辞《や》めてしまうと、再就職もせず、閉《と》じこもるようになったそうです。

そして、何でも「もったいない」が口癖《くちぐせ》だった祖母の教えが間違った方向に向かってしまったのか、ここ1年くらい、まったく片付けられない生活になってしまったみたいで、ついにはゴミ屋敷と呼ばれるレベルになってしまったとのこと。悪臭《あくしゅう》や害虫《がいちゅう》の発生でご近所トラブルにまで発展《はってん》しているということでした。

母はそんな叔父の近況《きんきょう》を知っていたようですが、口にしたくないということもあって、私には伝えていなかったそうです。

今回、叔父が法事《ほうじ》に来なかった理由を尋《たず》ねたことで、初めて教えてもらったのですが、親戚一同、誰もが触《ふ》れたくない話題だったようで、「困《こま》ったねぇ……」と言うばかりでした。

私は叔父と特別親しかったわけではありませんが、小学生のとき、一緒に行った縁日《えんにち》で、ソフトクリームを買ってくれたときの笑顔が、今でも記憶に残っており、頼もしかったはずの叔父がそんな生活を送っているのかと思うと、いたたまれない気持ちになります。

櫻井先生、こんなときに何かいい解決策はあるのでしょうか？　教えてください。

（37歳　女性）

櫻井先生の回答

ゴミ屋敷の問題ですね。

私が知る限り、ゴミ屋敷を発生させてしまう人の多くは、一人暮らしのシニアです。それまで夫婦二人や子供も交《まじ》えて家族で暮らしている間は何事もなかったのに、一人になってから、心のバランスを崩《くず》してしまった……そういうケースが多いように感じます。

ご質問者の叔父上も、そのようなケースに思われます。

ゴミ屋敷の主《あるじ》は、自分でも「このままではいけない」「なんとかしなければ」との思いは持っているものです。しかし、行動を起こすことができず、人から「片付けろ」と言われれば、反発してしまいます。

その気持ちは、母親から「勉強しなさい」と言われたとき、「今、やろうと思っていたのに」と反発する子供の気持ちと似ているのではないでしょうか。

「なんとかしなければ」と思いながら、なかなか腰が上がらない。そこに他人から指示されれば、「そんなことわかっている」とか「これはゴミじゃない」と言い返してしまうわけです。

結局、ゴミ屋敷を生じさせている人は、心を閉ざしているのだと思います。心を閉ざし、すべてを否定したくなる。その気持ちが、「ゴミは捨《す》てるもの」「家の中はきれいに保《たも》つもの」という当たり前のことをできなくしているのではないでしょうか。

ゴミ屋敷問題を解決するためには、本人に「ゴミを捨てよう」という気持ちにさせることが大切です。なにしろ、個人が所有する住宅内でのことなので、他人が足を踏《ふ》み入れることは制限されます。本人が「財産だ」と言い張《は》るモノを勝手に持ち出すこともできません。

本人に「ゴミを捨てよう」という気持ちにさせるためには、どうすればよいか。

それは、閉ざした心を再び開いてもらうしかない、と私は考えています。

「心を開くのが、恋愛の醍醐味《だいごみ》」

そういった人がいました。

なるほどなあ、私が感心した言葉です。

多くの人はなかなか心を開けません。

でも、恋愛が始まると、自分の弱点、欠点を話します。それを相手が受け入れてくれることに喜びを感じます。それで、さらに自分のことを話すし、相手の弱みも聞いてあげる。

これが、心を開いた状態ですね。自分は一人ではないと実感できる心地《ここち》よさこそが恋愛の醍醐味というわけです。

希《まれ》に、いつも誰にでも心を開いた状態の人がいます。僧侶《そうりょ》とか牧師《ぼくし》の方々には、そういう人が多いですね。すると、まわりの人たちも心を開いて飛び込みたくなります。

叔父上は、それまで家族と一緒に心を開いた人生を歩《あゆ》んでいたのではないでしょうか。その日々が終わり、一人になり、心が閉じてしまったのかもしれません。

そうなると、ご質問者にできることは、掃除の手伝いではありません。まずは、再び心を開いてもらえないか、話しかけることです。

小学校の頃、縁日でソフトクリームを買ってもらったこと。あのときは、うれしかった、楽しかったと話してあげてください。

「また、来るね、そのとき、何か欲しいものはない?」と。

ご質問者は優しい方です。その優しい気持ちこそ、今、叔父上が求《もと》めていることではないでしょうか。私には、そう思えてなりません。

相談ファイル No.20

夫の転勤が決まり困惑《こんわく》
今の場所を離《はな》れたくないが
一緒についていくべき？

転勤がないはずだった夫が、異動《いどう》により転勤することになってしまった相談者。夫のことが心配で、一緒についていくべきと頭ではわかっていても、大好きな今の場所を離れたくない気持ちも強く、新生活への不安も隠《かく》せません。そんな困惑に揺《ゆ》れる相談者に対し、櫻井先生は背中を押すようなアドバイスを送りました。

相談内容

櫻井先生、はじめまして！　夫の転勤が突然決まり、困惑しています。現在、東京都内に夫婦二人で暮らしております。子供はいません。結婚して12年目となり、共働きで、４年前に購入したマンションに住んでいます。

今までは、夫の転勤の心配はなかったのですが、２年前に夫の会社で部署の異動がありました。新しい部署は転勤の可能性もあると聞いていたので、内心《ないしん》心配していたのですが、ついに先日、転勤の辞令《じれい》が出てしまいました。転勤先は東京から、かなり離れた場所になります。

私は、今の住んでいる場所も、購入した家もとても気に入っており、友達や両親も近くにいるので、正直今住んでいるところから、離れたくない気持ちが強いです。それに、今勤めている会社を辞《や》めて、新しく住む街で転職できるかも不安です。まだ家のローンだって、たくさん残っているのに……。

もちろん夫のことは心配ですし、夫についていくべきだということもわかっているのですが、どうしてもまだ受け入れることができず、私の気持ちもまだ伝えられておりません……。

櫻井先生、私はやはり夫についていくべきでしょうか？　教えてください！

（37歳　会社員妻）

櫻井先生の回答

転勤が決まったとき、夫を単身赴任《たんしんふにん》させる理由で多いのは子供の教育問題。せっかくいい学校に入ったのに、転校させるのはかわいそう、などという理由は家族で一緒に転勤先に住むことを諦《あきら》めさせるのに十分なものでしょう。

もうひとつ、転勤先についていくことを悩む大きな理由となるのは、妻がやりがいのある仕事についており、その仕事を辞めると、二度と復帰《ふっき》できそうもないこと。この場合も、家族で一緒に転勤先に住むことは諦めがちです。この他、親の介護で単身赴任せざるを得ないなど、「一緒に行けない」理由はいろいろあります。

しかし、ご質問者には、そのような決定的理由はないように感じられました。シンプルに、今の生活、今の場所を離れたくない……。

それは、そうでしょう。知らない場所に行って、生活や人間関係をゼロから作り上げるのは大変です。今のままであれば、どれだけ楽か。できることなら、今の生活を続けたい。その気持ちはわかります。が、ご主人も同様の気持ちではないでしょうか。

転勤の多い会社で、最も人気のある転勤先は沖縄だと聞いたことがあります。沖縄転勤ならば、本人も家族も喜んで赴任《ふにん》するケースが多い。でも、それ以外は、行くことに少し戸惑《とまど》ってしまう。それが、転勤の実情《じつじょう》というものでしょう。

ご質問者の場合、「私は残る」と言っても、ご主人は納得《なっとく》してくれるはずです。行きたくない気持ち、ここに残りたい気持ちは痛いほどわかるからです。

でも、と心の中で思うでしょう。


転勤？　わかった。支度《したく》は全部任せて。

どんなとこかしらね。向こうでの生活もきっと楽しいわよ。


そう言ってくれたら、どんなにうれしいか。この女性と一緒になってよかった、と思う瞬間《しゅんかん》ではないでしょうか。

どんな局面《きょくめん》になっても助け合う、と結婚した直後は誰しも思うでしょう。しかし、時間が経《た》つと、実際に助け合っていると実感できる場面は決して多くはありません。

ご質問者は今、人生のパートナーを助ける女気《おんなぎ》を見せるチャンスなのです。


それに、ご主人を単身赴任させたら、わるい虫が付くかもしれません。

わるい虫は、ご主人にその気がなくても付きます。仕事はできるけど、家のことはからっきし、というタイプの男性は少なくありません。

ご質問者は「もちろん、主人のことは心配ですし」とおっしゃっているので、「家のことはからっきし」タイプなのかもしれません。その場合、転勤先で世話焼きタイプの女性が近づいてくる可能性がないとは言い切れません……。

もちろん、これは冗談《じょうだん》ですが、世の中、何が起きるかわかりません。できる限り、一緒にいたほうがよいというのは、紛《まぎ》れもない事実でしょう。


なお、今住んでいるマイホームは、住宅ローン返済中《へんさいちゅう》であっても賃貸に出して家賃を受け取ることができます。本来、住宅ローンを組んで購入した家を賃貸に出してはいけないのですが、「転勤」と「転地療養」の場合は、特例として賃貸に出すことが許《ゆる》されています。つまり、大手《おおで》を振《ふ》って賃貸に出し、毎月のローン返済を家賃でまかなえるわけです。

その上で、転勤先では、会社から家賃補助を得て賃貸を借りて住むことになるのが普通です。マイホームを買った人にとって、転勤はそんなにわるいことばかりではないのです。

相談ファイル No.21

買い物好きで貯蓄《ちょちく》できない浪費癖《ろうひへき》を治すための何かいい方法はない？

若いうちから将来のことを考えて地道《じみち》に行動できないという人は少なくないでしょう。今回の相談者も結婚を意識するようになって初めて、自分に貯蓄がないことに焦《あせ》りを覚えたようです。どうしたらムダ遣《づか》いをしないで済むかという相談に対して、櫻井先生は「新しい目標へ関心を向ける」ということを提案《ていあん》しました。

相談内容

32歳になったタイミングで、親友二人が相次いで結婚し、自分も将来のことが気になり始めたとき、素敵な彼女に出会うことができました。まだ付き合い始めて2カ月で、何の約束も交《か》わしていませんが、結婚のことも意識しています。

ただ、そうすると、お金のことが気になってきました。

借金こそありませんが、貯金がまったくないのです。豪遊《ごうゆう》するわけではありませんが、気づいたらお金がないといった感じの生活を、今まで繰《く》り返してきました。

原因はムダ遣いにあるような気がしています。買い物が好きで、お気に入りの洋服を見つけるとすぐに買ってしまいます。ネットショッピングもよく利用するため、1LDKの部屋はモノであふれかえっています。

仕事は順調で、収入に困《こま》っているわけではありません。サラリーマンとして10年目。中堅《ちゅうけん》として活躍しており、現在年収は450万円あります。特別不満があるわけじゃなかったのですが、将来はマイホームを持ちたいですし、こんな生活を送っていてもいいのか、急速に悩み始めているところです。

まずは貯蓄からと思っていますが、何かいいアドバイスをいただけないでしょうか。


（32歳　会社員男性）

櫻井先生の回答

私も買い物は好きです。

世の中の人はたいてい買い物が好きだと思います。だからこそ、大規模商業施設が次から次にオープンし、ネット上でも買い物できるサイトがいっぱいなのです。

ネットでニュースを読もうとしただけなのに、横のほうに気になる服やバッグの写真がちらつき、つい見たくなる。そういうことが多いですね。

ネットショッピングはどんどん利用しやすくなり、クリックするだけで、配送の手配まで完了。気を引《ひ》き締《し》めないと、毎日のように宅配便《たくはいびん》で荷物が届くようになってしまいます。

人間、お金に余裕《よゆう》が生まれると、どうしても必要のないものまで買ってしまう。そういうもののようです。

世界的に有名な歌手や俳優《はいゆう》は、使い切れないほどのお金を稼《かせ》ぎますが、そうなると、まったく必要のないものをムキになって買うことになりがちです。買い物をしなければ済まなくなり、自ら買物依存症《いぞんしょう》である、と認《みと》めている有名人が大勢います。

私は医療の専門家ではないので、買物依存症についてはよくわかりません。

でも、お金に余裕があれば、何かを買いたくなるという気持ちは理解できます。あれば使いたくなってしまうのが、「お金」の魔力《まりょく》というものなのでしょう。

ご質問者は、よく買い物をすると告白《こくはく》されています。気に入った服が見つかると、すぐに買ってしまう、と。

では、購入した商品が袋《ふくろ》に入ったまま、部屋の隅《すみ》に放置《ほうち》されていることはないでしょうか。もし、あれば、それは「商品が欲しくて買った」のではなく、「買い物することが楽しくて、買った」ことになります。そのような状態であれば、心のバランスを崩《くず》している可能性があるので、専門医に相談されることをお勧《すす》めします。

でも、そこまでは至《いた》っていないでしょう。

なんといっても、買い物を続ける自分に疑問《ぎもん》を感じているのですから。

疑問を感じるようになったきっかけは、結婚を意識しだしたからではないでしょうか。

結婚をすれば、目標が生まれます。

子供を育ててみたい。家族で旅行に行きたい。マイホームを持ちたい……すべてお金がかかることばかりです。

たとえば、家を買おうとしたら、1年で70万円から100万円を貯金する必要があります。それを5年続けて、350万円から500万円の自己資金を作ることができます。

が、これは、もう大変です。好きな服はほとんど買うことができません。１万円以上の服は、値札《ねふだ》を見ただけで諦《あきら》めることになります。

そして、マイホーム貯金をしている間に、赤ちゃんが生まれたりすると、ますます貯金がしにくくなります。お金だけでなく、時間も子育てにとられます。

一人で暮らしているときと比べると、お金はなくなるし、面倒《めんどう》なことばかり。生まれたばかりの赤ちゃんがいると、夫婦二人がかりでてんてこ舞いです。

赤ちゃんの面倒を見ながら、食料品や紙おむつを買いに行く、洗濯《せんたく》をして、ご飯を作る……毎日、息つくヒマもないほどの忙《いそが》しさなので、たまには旅行に行きたくなりますが、なにしろマイホーム貯金の最中《さいちゅう》ですから、贅沢《ぜいたく》な旅行はできません。会社の施設を利用し、２泊の小旅行……そのように、結婚して家庭を持てば、生活が一変《いっぺん》することになります。

余裕のない生活が始まりますが、それでも、充実《じゅうじつ》した日々であるのは事実です。生きている実感を味わえるでしょう。

今まで一人で暮らしているときは、目標もなければ面倒もなかったはず。気楽な毎日だったはずですが、どこか物足りなさを感じていたのではないでしょうか。

お金も時間も持て余《あま》していたので、買い物に費《つい》やしていただけなのかもしれません。そういう日々とは、そろそろお別れするタイミングだったのでしょう。運よく、人生を共にする伴侶《はんりょ》に恵《めぐ》まれたようです。この出会いは大事にすべきです。


ご質問者は、これから結婚に向かうにあたり、ムダ遣いをしてきたご自身を反省し、恥《は》じているようにも見受けられます。

確かに好ましいことではなかったですね。

でも、そんなに大きな失敗ではありません。買い物中心から貯蓄中心に改めればよいのですから。この転換《てんかん》は難《むずか》しくありません。

というのも、「買い物を我慢《がまん》する」ことに注力《ちゅうりょく》するのではなく、マイホームを買うという目的に邁進《まいしん》する、そして子供のためにお金を使う、という方向転換をするからです。


「我慢する」のはつらいものです。

血糖値《けっとうち》が高くなったとき（今の私ですが）、甘いものを我慢しよう、と思っても、なかなか実行できません。「甘いもの」のことばかりを考えてしまい、かえって甘いものが欲しくなってしまいます。

「我慢する」のではなく、別のことに関心を移すほうがいいですね。一番いいのが、新たな趣味《しゅみ》を始めること。道具を揃《そろ》える、うまくなる方法を考えるなど、別の方向に関心を移すことで「甘いもの」のことを忘れる。それで、甘いもの断ちが実行できるわけです。

ご質問者の場合も、結婚で新たな生活を始め、新たな目標を持つことで、買い物への興味《きょうみ》は徐々に薄《うす》れるはずです。

マイホームや子供だけでなく、家事を手伝うことや、料理を習得《しゅうとく》するのもいいでしょう。夫が家事を一部受け持ち、たまに料理を作るようになるのは、老後も夫婦仲がよくなる秘訣《ひけつ》です。

時間を持て余して買い物にのめり込むのは、いずれ卒業《そつぎょう》すべきです。今、そのチャンスが来ていると考えるべきです。

離婚は避《さ》けられないが
息子のことが気がかり
どうすればいい？

結婚生活が破綻《はたん》してしまった相談者。離婚をすることは受け入れているものの、離婚後に子供に会わないでほしいと強く言われ、弱った心が揺《ゆ》れてしまっています。そんな相談者の心中に寄り添《そ》うように、櫻井先生は「離婚は最悪の選択《せんたく》ではない」と言うとともに、公正証書の作成など現実的なアドバイスを送りました。

相談内容

42歳、男性。厄年《やくどし》って本当にあるんでしょうか？　今、離婚問題に揺れていて、疲弊《ひへい》しています。

うちはいわゆる「年の差婚」で妻は31歳。結婚して5年。3歳の息子がいます。

妻にわがままなところがあることは、前からわかっていましたが、結婚前はそんなところもかわいいと思えていました。ところが、ずっと一緒に過ごすようになると、それが徐々《じょじょ》に大きな違和感《いわかん》となり、息子が生まれたあたりからは、考え方の相違《そうい》も浮《う》き彫《ぼ》りとなって、受け入れられなくなっていきました。

すると妻も私に対してだんだんと辛辣《しんらつ》になっていき、「もっと頼《たよ》りがいのある人だと思った」「こんな最低な結婚になるとは思わなかった」「人間としてダサい」などと事あるごとに言われるようになりました。

それは耐《た》え難《がた》いことでしたが、息子のためと思って我慢《がまん》していたものの、ここ半年くらいはエスカレートする一方で、あるとき人格を否定するようなことを言われたのをきっかけに大喧嘩《おおげんか》となり、その結果、離婚しようと言われてしまいました。

私としても、妻との離婚に抵抗《ていこう》はありません。浮気も借金も暴力もなく、自分に落ち度はないつもりですが、これだけこじれるともう避けられないと思います。

ただ、息子のことが気がかりです。妻が息子を引き取る決意が固いので、親権《しんけん》を争《あらそ》うつもりはありません。養育費を支払うことも構《かま》いませんが、妻から「息子には早く忘れてほしいので、離婚したら息子に会わないでほしい」と言われています。

これが納得《なっとく》がいきません。きちんと争《あらそ》えば、会えないわけではないと思いますが、両親が争っているところを息子に見せたくないですし、私のことを早く忘れてやり直した方が、息子のためになると強く言われてしまうと、それを受け入れるべきなのかという気にもなってきます。

今は心が弱っていると思うので、冷静な判断ができている自信がありません。

離婚したら子供とどう接《せっ》するのが適切なのか、よきアドバイスをいただけないでしょうか。よろしくお願いいたします。

（42歳　会社員男性）

櫻井先生の回答

離婚を決意されたのですね。

子供にとって、父母の仲がわるく、罵《ののし》り合っている姿を見るのはつらいものです。理想は夫婦仲がよく、笑い合っている状況。それが無理であれば、せめていがみ合う姿を見せないようにしよう……そう考えて、離婚に踏《ふ》み切る人は少なくありません。

ご質問者もおそらく、そうなのでしょう。考えた末の決断《けつだん》だと思われますから、離婚を決めたことについては、何も申し上げることはありません。

多くの男性が死ぬときに後悔《こうかい》することが、ふたつあるそうです。ひとつが離婚。あのとき、思い切って離婚をしておけばよかったと悔《く》やむ男性が多いわけですね。もうひとつは、独立です。あのとき、会社を辞《や》めて、自分の力を試《ため》してみたかった、という後悔……それもキツいものがありますが、今回は「離婚」の話です。

「離婚」も「独立」も、踏み切れない人が大勢います。離婚の場合、踏み切れない理由で大きいのが「子供に申し訳ない」という気持ちです。

子供には、普通の家庭での生活をさせたかった。普通の生活をさせてあげることができないのは、親としてつらい。そのことを考えれば、自分が我慢すればよい、という気持ちになることが多いものです。

今は、我慢する。が、子供が成人したら、そのときは我慢せず、離婚を決断するぞ、と結論を先延《さきの》ばしして、結局は離婚せず、最後まで行ってしまう。

そして、最後のとき、脳裏《のうり》に浮かぶのは「離婚」の2文字。

ああ、離婚をするなら、あのときだった。

あのとき離婚したら、その後の人生はどうなっていたのだろうか？

たった一度の人生なのだから、あのときに決断すればよかった。

そんな悔いが残ってしまうのですね。

ご質問者は、別の相手ができて離婚しようと考えたわけではありません。今の結婚相手とこのまま暮らし続けることが嫌《いや》になったので、離婚に踏み切りました。つまり、「今の相手とこの先も一緒に暮らしたら、自分の人生を棒《ぼう》に振《ふ》ることになってしまう」と考えたわけです。

結婚相手が気の強い女性で、思いやりを示すどころか、日々高圧的《こうあつてき》になる一方。人格を傷つけるような精神的ＤＶを繰《く》り返し、そのことに嫌気《いやけ》がさす男性は少なくありません。

そのような相手でも、好きで結婚したんでしょ、と言われることがあるかもしれません。しかし、結婚生活を続けて、ようやく気づくこともあるのです。

気づいたときに、前述《ぜんじゅつ》した「今の相手とこの先も一緒に暮らしたら、自分の人生を棒に振ることになってしまう」との思いが出てきます。

そんな思いを抱《いだ》きながら一緒に生活を続けたら、相手も不幸でしょう。「私のこと、嫌《きら》っているな」と感じると、余計に当たりがキツくなる。つまり、ご質問者に対する精神的ＤＶがひどくなるものです。

あまりにひどい仕打ちにより、堪忍袋《かんにんぶくろ》の緒《お》が切れて手を上げてしまう。そのとき、近くに包丁《ほうちょう》とか金属製品、分厚《ぶあつ》いガラスの器《うつわ》などがあれば、男の力で凶器《きょうき》を振り回すことになります。

以上は妄想《もうそう》劇場の類《たぐ》いですが、あり得ない話ではありません。万が一、母親が命を落とし、父親が逮捕《たいほ》されるというような事態《じたい》になったら、子供にとって最悪の事態です。

だから、離婚は「最悪の選択」ではない、と心得《こころえ》てください。

問題は、子供に会わせない、と言われていることですね。

確かにこれは、横暴《おうぼう》です。

ご質問者は子供の父親なので、その面会を禁止する権利は誰にもありません。

ご質問者が日常的に暴力を振るう人であったり、薬物使用で逮捕歴でもあれば別ですが、そのような落ち度がない限り、面会は禁止できません。ましてや、離婚後も養育費を払い続ければ、堂々と会うことができ、子供に「一緒に暮らせなくて申し訳ない」と詫《わ》びることができます。

子供との面会が許可されるように家庭裁判所に申し立てることもできますが、その前にすべきことがあります。

まず、冷静に話し合うことですが、相手が頑《かたく》なになっているようなので、これはなかなか難《むずか》しそうです。

その場合、有効な手段としてバーター交渉《こうしょう》があります。相手にとって好ましい条件を提示《ていじ》することで、こちらの意向を認《みと》めてもらう方法です。

具体的には、養育費の支払いに関する公正証書作成です。

「決められた養育費を、子供が成人するか、学校を卒業《そつぎょう》するまで払い続ける」ことを、公正証書として残す。その際《さい》、面会についても、「週に一度程度、子供と会う時間を設《もう》ける」という一項《いっこう》を記すことを認めさせる……つまり、面会の権利も認めてもらうわけです。

養育費に関する取り決めを公正証書に残すと、万一養育費の支払いが滞《とどこお》ったときに、給与差し押さえも可能になります。

つまり、現在の妻にとって大きな安心感が得られます。妻にとっての不安は養育費が支払われなくなることです。離婚当初は払うでしょう。しかし、やがてご質問者が再婚するかもしれません。再婚し、子供をもうけて新たな家庭を築《きず》けば、養育費が支払われなくなる可能性があります。そんなときでも、強制的に養育費を受け取る手段があれば、子育ての不安が減ります。

だから、公正証書は現在の妻にとっても、ありがたいもの。その公正証書で取り決められるのは主にふたつ。子供の養育費の支払いと子供との面会権です。

養育費に加えて、面会の取り決めをするのは、自然の流れなので、妻も従《したが》わざるを得ないでしょう。

現在、日本における離婚率は、35%前後になっています。3組に1組は離婚しているわけです。

その結果、小学校でも「親が離婚している子」は、珍《めずら》しくありません。だから、「ご両親揃《そろ》って」とか「父親だけ」「母親だけ」参加の催《もよお》しは皆無《かいむ》になっています。子供にとって、「片親である」ことを負担に感じさせない態勢《たいせい》ができあがっています。

だから、現在の妻が主張《しゅちょう》するように「早く父親を忘れさせる」必要はないのです。

もし、現在の妻に再婚したい相手でもいれば別ですが……そんなことはないでしょう。


結局、現在の妻は、ご質問者を痛めつけたいのだと思います。

「離婚したいというなら、子供には会わせない」


そうすることで、ご質問者を苦しめたいと考えているフシがあります。

いわば、意固地《いこじ》になっている状況ですね。そうなると、なかなか言うことを聞いてくれません。ご質問者の妻には、一度冷静になってもらう必要があります。冷静になってもらう方法が、公正証書です。もしくは年長《ねんちょう》の誰かから話してもらうこともいいでしょう。

お互い、冷静に話し合いができる方法を考えてみてください。

ここから、ちょっと余計な話をさせてください。

それは、夫婦関係やＤＶについて。

ＤＶというと、力の強い男性から、弱い女性に振るわれるものと考えられがちです。

確かに、そういうケースは多々あると思います。ＤＶはどんなときでも許《ゆる》されるものではありませんが、必ず男性が女性に対して行うものかというとそうでもなく、気の強い女性から心優しい男性への精神的ＤＶというものも少なくありません。

女性が全面的に弱いとされたのは昭和時代中期までの話で、今の女性は小学校時代から「強い」ですね。女性は小さいときから、自分の意見を主張することが賞賛《しょうさん》され、強く生きるように教育されます。

その結果、「気が弱い女なんて、見たことない」と女性自身が言い放つことがみられるような時代になりました。

一方で、男の子は小さい頃から「女の子には優しくなければいけない」としつけられます。もちろん、男女それぞれにいろいろな人がいますが、総《そう》じて、女性が我《が》を通し、男性が受け入れる態勢ができあがっているわけです。

ちなみに、幼少期の男の子と女の子が初めて出会う場所が、保育園や幼稚園。その場において、「女の子は気が小さく、乱暴《らんぼう》などするわけがない。乱暴するのは男の子」と思い込む親がいます。すると、女の子が擁護《ようご》され、「女性上位」の関係が増長《ぞうちょう》されがちです。

実際には、気が強く知恵のまわる女の子と、おっとりして気持ちが繊細《せんさい》な男の子はそれぞれ多いもの。「かわいそうなのは女の子よりも男の子」というケースも生じがちです。

その力関係が大人になっても続き、気が強すぎる妻と優しすぎる夫のカップルも生まれてしまいます。

その関係の中で、「もう妻の横暴には耐えられない」という男性が出てくるように思います。

世の中の夫婦は、「＋（プラス）」と「－（マイナス）」、「外交的」と「内向的」、「強い」と「優しい」といった正反対の組み合わせになることが少なくありません。

優しい男性が強い女性に惹《ひ》かれて結婚すると、やがて強さに辟易《へきえき》とする場面が多くなります。長く暮らすうちに、女性の「強さ」が増幅《ぞうふく》されてしまうかもしれません。そのような女性上位の夫婦でも、傍目《はため》には仲良くみえることがあります。仲良くみえても、どちらかは心の内に深い不満を抱《かか》えているのですね。

今、日本では車購入時に好みのナンバーを希望することができます。その結果、よく見かけるのが「11－22」のナンバー。私は、「11－22」は「いい、じじい」の語呂《ごろあ》合わせだと思い込み、「自分のことをじじいと呼ぶなんて、すごいな」と感心していました。

でも、それは間違いで、「いい夫婦」の語呂合わせで「11－22」をつけている方がいらっしゃるんですね。そうなると、今度は、「世の中には、そんなに仲のよい夫婦が多いのか」という驚《おどろ》きに変わりました。

年をとっても本当に仲のよい夫婦は、どれほどいるのでしょうか。「11－22」が世の中にあふれているとしたら、それはとても素晴らしいことだと思いますが、少々心根《こころね》の曲がった私は「どうかなあ」と首をかしげてしまうのです。

相談ファイル No.23

リゾートマンションが欲しいと夫が言い出した気を付けた方がいいことは？

昇進したことを機に、憧《あこが》れのリゾートマンションを購入したい……それはずっと仕事をがんばってきた自分に対するご褒美《ほうび》の気持ちなのでしょう。夫を支えてきた妻としては、その希望を叶《かな》えてあげたいと思いつつも、不安な気持ちも隠《かく》せません。櫻井先生はそんな心中を察《さっ》しつつ、現実的なアドバイスを送りました。

相談内容

櫻井先生、私の不安を解消してください！

夫がリゾートマンションを買いたいと言い出しました。さすがに私に無断で決めてしまうわけではないようですが、一時の思い付きで言っているわけではなく、かなり本気で考えているみたいです。

夫はどちらかというと堅実《けんじつ》なタイプの人間で、派手にお金を使うようなこととは無縁《むえん》の生活を送ってきましたが、この度《たび》、部長に昇進《しょうしん》したのを機に、昔から憧《あこが》れていた「別荘」が欲しくなったそうです。

子供も賛成《さんせい》していますし、夫の望みなら叶えてあげたいと思いますので、反対するために相談しているわけではありません。

ただ、すぐに生活に困《こま》ることはないものの、老後の資金が潤沢《じゅんたく》にあるわけでもありませんし、何より私はバブル経済が崩壊《ほうかい》した頃に不動産会社で事務員をしていたこともあって、リゾートマンションにいいイメージがありません。

だから今、リゾートマンションを買うなら、せめてどういうことに気を付けないといけないか、櫻井先生に教えていただき、安心したいのです。どうかよろしくお願いします。

（51歳　専業主婦）

櫻井先生の回答

昭和から平成にかけてのバブル期、湯沢高原周辺には超高層のリゾートマンションが盛《さか》んに建てられ、よく売れました。でも、その多くは利用者が減り、中古でも売れない状況が続いています。

「自然豊かな場所」といっても、それだけでは「たびたび出かけたくなるセカンドハウス」にはならないからです。

特に、「自然豊か」だけのリゾートを嫌《きら》うのは、家事を受け持つ人、多くの場合、主婦です。というのも、ホテル暮らしと違い、リゾートマンションでは、三度三度の食事を作るのは自分たち（多くの場合、主婦）です。

たまには外食に行くでしょうが、すべての食事を外食にすることはありません。なにしろ、「自然豊かな」山の中や海のそばです。近くの飲食店も限られます。そこで、たいていの食事は自分たちの手で作らなければなりません。

食事を作るためには買い物に行く必要があります。買い物ができるお店が遠いと大変ですし、その店の品揃《しなぞろ》えががっかりするレベルというのも困ります。つまり、リゾートでは食材探しに苦労することになりがちなのです。

そして、調理《ちょうり》、後片付け、ゴミ出し……風呂掃除や掃除、洗濯《せんたく》もリゾートライフに加わります。

毎日家でしていることと同じことをしなければならないのに、「自然豊かな場所」は、いちいち不便。家事を受け持つ人にはストレスが溜《た》まります。

男性の多くは、「自然豊かな場所」のリゾートライフというと、ロッキングチェアに腰掛けてゆったりとコーヒーを飲む姿だけを想像《そうぞう》して、いいなあ、と憧れるものです。

でも、実際は背後で忙《いそが》しく働く人がいなければ、ゆったりした暮らしは実現しません。家事を受け持つ側からすれば、ストレスが溜まるだけでちっとも楽しくない。それなら、家に居たほうがマシでしょう。


そして、女性の多くは「自然豊か」だけの場所が好きではありません。理由は、ズバリ「おもしろくない」からです。リゾートマンションに出かけるのは、旅行のひとつ。旅行に行くのなら、グルメもショッピングも楽しみたいと思います。

昼間は買い物とエステを楽しみ、夕方は大海原《おおうなばら》のサンセットを眺《なが》めてカクテルをいただく。食事は着飾《きかざ》ってフランス料理……そんなことができるのなら、女性も大喜びで出かけるはずです。

実際に、そのようなリゾートライフを満喫《まんきつ》できる場所の代表がハワイです。ハワイならばビーチから100m歩くだけで、世界でも最高水準のグルメとショッピングが楽しめます。だから、世界中から人が集まり、その分、すべての料金が高くなっています。

ハワイでは別荘はもちろん、リゾートマンションも、所有するのが大変。ＩＴ企業のオーナー社長というような方であれば余裕《よゆう》で可能でしょうが、普通の人にはまず無理です。

せいぜい1年で1週間か2週間分の利用権が付いた「タイムシェア」を利用することになります。その程度の日数ならば、ホテルに宿泊したほうがよさそうです。

結論として、家事を受け持つ主婦にとっては、リゾートマンションよりも、ホテル暮らしのほうが快適《かいてき》なのです。

しかし、ご質問者のように、「夫が憧れている」というなら、言下《げんか》に否定することもできません。

「それは、素敵ね」と、まずは、同調《どうちょう》しましょう。

「でもね」とここからが大切です。

旅行に行ってまで、家事をするのは嫌《いや》かな、と本音をさらり。そして、

「そうだ、リゾートに行ったら、アナタの手料理を食べさせてよ」

買い物に行って、料理を作り、後片付けまでが料理だと諭《さと》し、まずは自宅でその練習をしてもらいましょう。

これで、リゾートマンションでの生活を予行演習《よこうえんしゅう》してもらいます。課題《かだい》を難《なん》なくこなし、料理もおいしければ、ご質問者もリゾートライフを楽しむことができるでしょう。

少なくとも、何日かはご飯を作る手間から解放《かいほう》され、のんびりすることができるからです。「オレには、無理だ」と夫が「お玉」を投げ出したら、リゾートマンション購入を考え直してくれるかもしれません。

少なくとも、リゾートマンション購入の条件が現実的なものになります。

たとえば、人里離《ひとざとはな》れた山の中の隠《かく》れ家《が》ではなく、外食がしやすい場所や日々の買い物がしやすい場所のリゾートというふうに……。

このように生活しやすいリゾートマンションであれば、利用頻度《ひんど》が上がり、子供たちも行きたがるので、ムダにはなりません。

さらに、軽井沢とか、北海道でも札幌《さっぽろ》の市街地、沖縄でも那覇《なは》の中心エリア。そういう場所であれば、ショッピングも楽しめるので、利用価値はさらに上がります。利用しなくなれば、賃貸として転勤族に貸すことができます。札幌、那覇のマンションであれば、転勤族が大勢いるので、賃借人探しに苦労することはありません。

ただし、札幌、那覇では、たとえ1LDKでもマンション価格は高くなります。中古でも3000万円前後します。

結局、リゾート目的でも、人気があるのは便利な立地のマンション。それらは、結構値段が高いというのが、実情《じつじょう》なのです。

シニアになって初めてLINEデビュー 知っておくべき心得《こころえ》は？

今やコミュニケーションツールとして、当たり前のように使われているLINEですが、誰もが始めからスラスラと使えたわけではないでしょう。特に機械が苦手なシニアの方であれば、その戸惑《とまど》いも大きいはず。「シニアのLINE心得」を教えてほしいという相談への櫻井先生の回答は、熱のこもったものとなりました。

相談内容

先日、息子がスマホをプレゼントしてくれました。

昔から機械音痴《おんち》で難《むずか》しいことはわからないですし、スマホなんてなくても不便はないと思っていたのですが、何かあったときのためにも、連絡の手段として持っていたら安心と言われ、私の誕生日に買ってもらうことになりました。


いざ持ってみると便利なものですね。

たいした用がなくても、つい電話したりしてしまうのですが、それだけで気持ちが明るくなった気がします。

もちろん、まだ使いこなせているとは言えません。文字の入力は苦手ですし、教えてもらったときはわかったつもりでも、一人になると忘れてしまうといったことの繰《く》り返しです。

あんまり何度も教えてもらうのも気が咎《とが》めるので、わからないことがいっぱいですが、ようやくLINEの使い方が少しわかるようになってきました。これからがんばって使えるようになっていきたいと思いますが、シニアがＬＩＮＥを始めるにあたっての心得など、簡単《かんたん》にレクチャーしてもらえないでしょうか？息子の気持ちに応《こた》えるためにも、上手にＬＩＮＥを使って、ちょっと驚《おどろ》かせてみたいです。

よろしくお願いいたします。

（73歳　女性）

櫻井先生の回答

ＬＩＮＥですか、いいですね。

私の母も87歳で亡くなる半年前からＬＩＮＥを始めました。メールは10年以上前から行っていましたが、ＬＩＮＥはなかなか始める気になれなかったようです。

メールと勝手が違うので、最初の2日間は、「食事もできない」とイライラしていましたが、1週間でスタンプや写真を送ってくるようになりました。

スタンプを使うと、いろいろな気持ちを素直に伝えることができますし、静止画像、動画とともにコメントを添《そ》えることができるので、コミュニケーションの幅《はば》が広がります。

こんなに楽しいやりとりができるなら、私の母にも、もっと早くからLINEを勧《すす》めればよかった、と思いました。

いまさらせんないことですね。最後の半年だけでもLINEでやりとりできたので、よしとしましょう。

そのやりとりは、肝心なところはスクリーンショットで、それ以外はテキストで残してありますが……それは子供や孫がやってくれることなので、ご質問者は気にする必要はありません。

ご質問者が気にしているのは、LINEでのコミュニケーションで注意すべき点はないか、ということだと思います。

ご心配いりません。LINEだから、といって特別な作法《さほう》や心得はありません。

まず、家族とのLINEは、何も気にすることはありません。家族ですからね、うっかり失礼なことを書いても、「失礼ねえ」と言って、笑ってくれますし、そういうことをしてはいけないな、と学習する場にもなります。

友達とのLINEでは、通常の友達づきあいと同じことをすればよいのです。

自慢話《じまんばなし》をしない。
相手のことをとやかく言わない。
人の悪口を言わない……。

当たり前に、「しないほうがよい」とされることをせず、相手を褒《ほ》めることや相手への謝意《しゃい》は素直に表す。それだけでいいのです。

よく、既読《きどく》無視とか既読スルーをするべきではない、と言われますが、それも時と場合によります。

既読無視、既読スルーとは、誰かのＬＩＮＥを読んでも、返事や相づちの返信をしないことを言います。

１対１のＬＩＮＥでは、もちろん、既読無視、既読スルーはすべきではありません。友人と対面で会話しているとき、相手の問いかけに返事もしない状況と同じですから、失礼にあたります。

でも、グループＬＩＮＥでは、必ずしも失礼にあたりません。

ＬＩＮＥは、普通、１対１で会話します。その発展形《はってんけい》で、友人が３人、４人、ときにはそれ以上が集まって会話ができるようになります。

といっても、私の経験で申し上げると、５人以上のグループを組むと、日常的な会話は発生しないように思います。「来月、集まりましょう」というようなイベントがあると、その前後で集中して会話が発生する程度です。

会話が弾《はず》むのは、３人とか４人のグループＬＩＮＥです。

このグループＬＩＮＥ、中学生くらいの若い子だと、面倒《めんどう》くさい、と言う人もいます。「合わない人が混《ま》じっている」とか、「どうでもよいことに、全員で返事しなければならないのが大変」などというのが理由のようです。

ＬＩＮＥの場合、相手がコメントを読むと、「既読」という文字が現れます。グループＬＩＮＥの場合、１人読んだ人がいれば、「既読１」と表示され、２人が読めば「既読2」、３人が読めば「既読３」です。

４人のグループＬＩＮＥで「既読３」となれば、全員に読んでもらえたことになります。この「既読」が付いたのに、返事をしない、相づちを打ったり、相づちのかわりになるスタンプも出さないと、「(既読)スルーされた」と騒《さわ》ぐ子が出てきます。

ＬＩＮＥを読んだのに反応しない、ということですね。中学生くらいですと、この「既読無視」は、相手に対して失礼なこととされます。そこで、どんなときでも「いいね」とか「そうなんだ」という返信をしなければなりません。面倒ですね。

でも、そんなことを問題視《もんだいし》するのは中学生まで。高校生以上になると、グループLINEでいちいち返事をしません。

グループ内で返事をしたい人だけすればよい、というスタンスになります。若い人だと「既読」を付けずに読む方法が広まっているので、「既読無視」という概念《がいねん》も希薄《きはく》になっているようです。

ちなみに、この「既読を付けずに読む方法」ですが、何度教えてもらっても、うまくできません。太極拳《たいきょくけん》のような緩《ゆる》やかな動きしかできないシニアの指では、操作《そうさ》できないのかもしれません……。

シニアの場合、「既読無視」をしても、誰も気にとめないのが普通です。

私のグループLINEの場合、参加4人で「既読3（つまり、全員読んでいる）」となったのに、誰もコメントを出さないことがよくあります。

なぜ、既読無視するかというと、返事のしようがないLINEを送ってくる仲間がいるからです。

「今、東京駅、今から家に帰る」

そんなＬＩＮＥ送られても、

「で?」

としか返しようがありません。

だから、「今、東京駅、今から家に帰る」とＬＩＮＥを送ってきた奴《やつ》は、それで満足なんだろう、と温かく見守ることにしています。

もちろん、すべてのＬＩＮＥを既読無視するわけではなく、ときどきはそこからグループ全体の会話が弾むことがあります。

つながりはしっかりできているわけで、「すべてに反応する必要もないだろう」という緩い方式が成り立っているのです。

だから、ご質問者もグループＬＩＮＥに参加した場合、すべてのＬＩＮＥに反応しなくてよいのです。

うっかり既読無視を続けてしまった結果、

「何かあったの？」

などと質問されたら、

「今日は朝から目の調子がわるくて、文章が見づらくて」とか「なんだか、高血圧の薬が効《き》きすぎて体調不良」と言い訳しておけばよいです。

都合がわるい事態《じたい》が生じたら、体の不調を理由にできるのは、シニアの特権《とっけん》です。

シニアのLINEでは、ときどき、訳《わけ》のわからないことが送られてくることがあります。

理由は、誤操作《ごそうさ》が最も多く、次いで加齢《かれい》から自分の気持ちを制御《せいぎょ》できなくなることがあること、そして、他から送られてきた怪《あや》しい情報を信じ込んで流布《るふ》してしまうこと、などです。

このうち、誤操作も加齢による制御の甘さも、笑って許《ゆる》されます。お互い様ですね。

しかし、怪しい情報には注意が必要です。

近年、インターネットの情報には、巧妙《こうみょう》に嘘《うそ》を広めようとするものや詐欺《さぎ》まがいのものがあります。それらに対する免疫《めんえき》が不足しているシニアは簡単に信じ込んでしまう可能性があります。


ひとつ例を挙《あ》げましょう。

コロナ禍《か》が世界を襲《おそ》い、日本でも緊急事態宣言が出された時期、「コロナウイルスは熱に弱いので、積極的にお湯を飲むようにしましょう」というニセ情報が流されたことがありました。

私の知り合いのシニアは、海外に住む友人とのＬＩＮＥのやりとりで、その情報を知り、「こんな有益《ゆうえき》な情報はみんなに教えてあげよう」との親切心から、グループＬＩＮＥに投稿《とうこう》しました。

そのときは、他の人間が「お湯で死滅《しめつ》するようなウイルスなら、こんな騒ぎになっていないはず」と言い出し、それ以上広がることはありませんでした。

しかし、頭から信じてしまうと、次から次に嘘の情報を広めてしまいがちです。広めた後、情報が間違っていたとわかると、今度は訂正《ていせい》とお詫《わ》びをしなければなりません。

「先日の情報は間違っていました。ごめんなさい」、と。

たくさんの人に広めると、訂正とお詫びをしなければならない相手が増えます。

さらに、「間違った情報を流した人」と言われてしまう可能性もあります。

LINEを含《ふく》めたインターネットの情報網は、簡単に間違った情報を多くの人に広めてしまう力があります。インターネットで流れてくる情報には怪しいものもある、と心得ておくといいですね。

別れるべき？ プロポーズしてくれない 交際歴8年の彼

結婚は人生の一大事。一緒にいて楽しい恋人と、いくら結婚したいと思ったとしても、相手も同じように結婚したいと思うとは限りません。今回の相談者は交際歴8年。一緒に暮らすようになって3年。それでも、結婚の気配《けはい》はまったく感じられません。そんな「長すぎる春」に悩む女性に櫻井先生が送るアドバイスとは？

相談内容

櫻井先生こんにちは。都内在住《ざいじゅう》の35歳女性です。8年間交際している同い年《おないどし》の彼と、3年程前から同棲《どうせい》しております。昔は喧嘩《けんか》をしていた時期もありましたが、今はお互いに落ち着き、仲良く毎日を過ごしています。

しかし、8年も交際しているというのに彼からのプロポーズの言葉はなく……。

今のままの関係で過ごしてよいのかと悩んでいます。一度、彼に結婚願望はあるのか聞いてみたことはあるのですが、話をそらされ、少し面倒《めんどう》くさそうな表情をされてしまいました。無理に結婚を急《せ》かすのも嫌《いや》なので、それ以降、私からは同じ質問はできずにいます。彼から結婚の話をしてくることはその後もありません。

私は子供が欲しいという気持ちが昔からあり、親にも早く孫の顔を見せてあげたい気持ちもあります。同時に彼のことは好きで、長く一緒にいるので思い入れも強いのですが、このまま結婚しないのであれば、年齢的にも別れるべきなのかなと真剣《しんけん》に悩んでいます。
櫻井先生、私はどうしたらよいでしょうか？　ご意見お聞かせください。
（35歳　女性）

櫻井先生の回答

このようなご質問を受けたとき、相談に慣《な》れた人は、「さっさと別れなさい」とか「そんなダメ男、捨《す》てましょう」とは言いません。そんなことを言えば、ご質問者が彼をかばうことは目に見えているからです。

「あんな人でも、よいところはある」「私にとっては大事な人」果《は》ては、「私がいなければ、あの人はダメになる」……こうなると、もう周囲の意見は何も聞き入れてもらえません。

だから、相談慣れした人は逆のことを言います。

「そんな人でも、本当に愛しているんでしょ」

「あなたにとっては、かけがえのない人なのね」

そう言われると、ご質問者はそうかなあ、と考え出します。本当に愛しているのか、かけがえのない人なのか、と。冷静になるわけですね。

今、ご質問者にとって大事なことは、冷静に考えることだと思います。

なぜなら、ご質問者自身、「別れたほうが、いいんじゃないか」と薄々《うすうす》わかっているからです。

結婚してもしなくても、彼と一緒にいられれば、それだけで十分――そう考えているときであれば、そもそもこのような相談は出ません。今の状態で十分なのですから。

「今の状態で十分」と思っている間に、彼のほうから「結婚しよう」「子供が欲しい」と言ってくれたら、どんなに素敵だったでしょう。でも、残念ながら、彼はそう言い出してくれませんでした。水を向けても、逃《に》げてしまいました。これは、決して褒《ほ》められたことではありません。

といっても、とっさに話をはぐらかすことは、私を含《ふく》めどんな男にもあります。結婚して家族を養《やしな》うことができるのか、自分が父親になることができるのだろうか。家族への挨拶《あいさつ》、結婚式の準備……多くのことが頭の中を駆《か》け巡り、はぐらかしてしまうのです。

しかし、多くの男性は、はぐらかした後、考え直すものです。考え直して、正面から向き合おうとします。本当は気の小さな男が勇気を振《ふ》り絞《しぼ》る瞬間《しゅんかん》です。

そうしてくれれば、よかったのに！

……ですね。

今、ご質問者の気持ちは別れる方向に傾《かたむ》いています。

この後にすべきことは、最後通告《つうこく》です。

結婚か、決別《けつべつ》か。

「結婚はできないけれど、別れたくない」などと言われたら、どうしますか?

普通は、愛想《あいそう》を尽かして、ジ・エンドです。

が、それでもやっぱりこの人が好き、ということでしたら、もう何も申し上げることはありません。煮《に》え切らない相手に対して、一途《いちず》な愛を貫《つらぬ》いてください。それが、ご質問者にとって幸せな一生ということになるのでしょう。

でも、彼に勇気を出してもらいたいですね。この人は勇気を出してくれた、とわかるので、ご質問者は涙《なみだ》が止まらない。そんな輝《かがや》く瞬間が来ることを祈《いの》っています。

相談ファイル No.26

マンションを買いたいが夫と間取りで意見が合わない何か解決策はない？

多くの人にとって、人生で一番大きな買い物はマイホームでしょう。そんなマイホーム選びには力が入るものですが、理想のマイホームが夫婦で同じになるとは限りません。今回の相談は、間取りで意見が合わないというもの。櫻井先生は夫が趣味《しゅみ》の部屋を求《もと》めていることを踏《ふ》まえて、現実的なアドバイスを送りました。

相談内容

今、マンションの購入を考えているのですが、間取りについて夫と意見が合いません。

うちは夫が3歳年下の35歳。4歳と1歳の娘がいる四人家族です。長いこと1LDKの賃貸マンションに暮らしてきましたが、子供が二人になって家が狭《せま》くなってきたこともあり、もっと広いところに引っ越すことにしました。

自己資金も溜《た》まってきたので、せっかくなら賃貸ではなく購入したいという点は、夫と意見が一致《いっち》しているのですが、夫は自分だけの部屋が欲しいと言って、どうしても4LDKのマンションに住みたいと言っています。

でも、4LDKだと物件が限られますし、私は3LDKがいいと思っています。というか、本当は広いリビングに憧《あこが》れがあって、2LDKでもいいと思っているくらいです。一度購入すると簡単《かんたん》には買い替えられないだろうから、将来、二人の子供に一部屋ずつ与えてあげたいと思うと、3LDKにするしかないと思っているくらいなので、同じ予算なら一部屋が狭くなる4LDKよりは絶対に3LDKを選びたいです。

しかし、夫も譲《ゆず》りません。理由としては、趣味である読書や映画鑑賞《かんしょう》を自分だけの空間でじっくり味わいたいからだそうです。買うならどちらかが折れるしかありませんが、共働きで収入は二人ともほぼ同じ。気持ちの強さも変わらないので平行線です。

仕方がないので、とりあえず一旦《いったん》、今より広い賃貸マンションに移って、様子を見るしかないかとも思い始めていますが、プロの目から見て、どう思いますか？何かいい解決策はあるでしょうか？

アドバイスをお願いします。

（38歳　会社員女性）

櫻井先生の回答

悩ましい問題ですね。

といっても、試《ため》しに一度広い賃貸に移る、というのはどうでしょう。

引っ越しは、面倒《めんどう》だし、お金のロスも多く発生します。夫の仕事で転勤を数多く経験した主婦は「タンスに付いた引っ越しの傷を見るたびに、ため息が出る」と話してくれました。

その傷は、主婦にとって嫌《いや》な思い出だったのです。柱に子供の背丈《せたけ》を記した傷は「長くこの家に暮らした」というよい思い出ですが、タンスの傷を見るたび「各地を転々とし、一カ所にとどまることができなかった」という嫌な思い出がよみがえったわけです。

私は子供の頃に、賃貸から賃貸への引っ越しを何度もしました。ほとんどが暗く、古びた家で、楽しかった思い出はほとんどありません。

それに、試しに広い家に住んでも、発見はないでしょう。想像《そうぞう》通りの住《す》み心地《ごこち》でしかないのです。

問題は、3LDKがよいか、4LDKがよいか、ですね。

ご質問者が書かれているとおり、分譲《ぶんじょう》マンションの4LDKは数が少ないですね。子供二人の四人家族が減り、三人家族が増えている現在、4LDKはますます減っており、逆に部屋数が少ない2LDKが増えている状況です。

そして、広い4LDKは専有面積《せんゆうめんせき》（わかりやすくいえば床面積《ゆかめんせき》）が広くなるため、価格が高くなります。そこで、都心部や郊外《こうがい》でも駅近《えきちか》の場所では、4LDKが設定されない（作っても、高額になるので、売りにくい）状況が生まれています。

結局、4LDKを買おうとすれば、郊外で、さらに駅から遠いマンションを選ぶしかありません。

郊外で駅から遠く、スーパーマーケットにも遠い新築マンションを売り出した場合、なかなか買い手が現れません。そんなとき、4LDKを増やすことがあります。他では売っていない4LDKを増やせば、「どうしても4LDKが欲しい」という人が買いに来るだろう、と考えるわけです。

どうしても4LDKが欲しい、と考えるのは、子供が三人の五人家族。そして、四人家族で、一部屋を仕事部屋にしたいというフリーランスの人などです。

つまり、ご質問者のように、「家族構成《かぞくこうせい》では3LDKで十分だが、趣味の部屋をもうひとつ欲しい」という人は、適当《てきとう》な物件を探しにくいわけです。

でも、「自分の部屋」を持ちたがっている夫の気持ちも大事にしたい……ご質問者は心が優しい方のようです。

まあ、全面的に夫の意見に従《したが》う気持ちはないので、「心優しいところもある方」のほうが適切《てきせつ》でしょうか。

今回のご質問はズバリいって、「4LDKを希望している夫に、どう諦《あきら》めさせるか」という問題となるでしょう。

夫婦円満の秘訣《ひけつ》は、

「そうね、でもね」

だと言われます。

頭から否定するのではなく、まずは「4LDK、いいわね。自分の部屋を持ったら、楽しいでしょうね」と理解する。それから、「でもね」と持論《じろん》を展開《てんかい》するのです。

1 4LDKだと値段が高くなるし、駅から離《はな》れたマンションでないと無理。そうなると、ローン返済《へんさい》が大変になるし、二人とも通勤で苦労する。

2 4LDKだと、購入するエアコンが1台増えるし、光熱費もかさみそう。夫婦共働きで、家にいる時間が短いのに、なんだかもったいない。

3 4LDKにすると、寝室や子供部屋、リビングといった一つひとつの部屋が狭くなる。

以上の理由から、3LDKで趣味コーナーを作る工夫《くふう》、そして、趣味コーナーを作りやすい間取りを選ぶ方向を考えてみてはいかがでしょうか。

より現実的な方向に導《みちび》くわけです。

もしくは、マンションではなく、一戸建て購入を検討するのも一案《いちあん》です。

一戸建ての場合、都心立地や郊外駅近の場所で探すのは難《むずか》しいのですが、ほどほど郊外で、ほどほど駅に近い場所であれば、マンションと大差《たいさ》ない価格水準の建売《たてうり》住宅が見つかります。

この建売住宅には、ロフト付きやグルニエ付きプランがあり、「ロフト」と「グルニエ」は趣味のスペースとして活用できるからです。

ロフトは屋根裏部屋のようなスペースで、はしごを使って昇《のぼ》り降《お》りするもの。寝室の上部に設置《せっち》されるケースが多くなります。

同様に、屋根裏(建築上は小屋裏《こやうら》という)のスペースを活用した物置《ものおき》を日本では「グルニエ」と呼んでいます。グルニエは物置なのですが、机や椅子《いす》を置いて趣味のスペースとして活用する人が少なくありません。

いずれも天井高が1・4m以下なので、立って歩くことはできません。しかし、椅子やソファに座っている分には十分な高さ。むしろ、隠《かく》れ家《が》みたいで落ち着くという人もいます。

ロフトとグルニエは本来、物置や趣味のスペースとして使うべき空間ですが、どう使おうと住む人の自由。布団《ふとん》を持ち込んで、部屋として使っても構《かま》いません。

このスペースを趣味のスペースとして提供《ていきょう》すれば、夫も満足するのではないでしょうか。

ちなみに、私はロフトもグルニエも居住《きょじゅう》スペースとして活用したことがあります。その経験から申し上げると、住《す》み心地《ごこち》は決して「良」ではありません。

はしごの昇り降りが不安定で、ものを運ぶのに苦労します。屋根直下のロフト、グルニエはやはり暑《あつ》く、夏は汗が噴《ふ》き出します。24時間換気装置《かんきそうち》の運転音がうるさいなど短所が多い空間となります……が、そのことを夫に話す必要はありません。

どうしても自分のスペースが欲しい場合、男はその環境《かんきょう》がどうであろうと、楽しむものです。全身汗びっしょりになりながら、「楽しい！」とはしごで降りてきたら、一緒になって喜んであげましょう。だって、男は本当に楽しいのですから。

住み替えを検討中
娘夫婦に自立してほしいが
どう説得すればいい？

将来のことを考えて便利なマンションに住み替えたいが、経済的な事情から娘夫婦がいまだに一緒に住んでおり、娘夫婦のことも考えてあげないといけない。今回の相談者はそんな状況に置かれています。これを機に自立してほしいという願いを叶《かな》えるため、櫻井先生は言いにくいことを切り出す術《すべ》を教えてくれました。

あなたの住まいに
スマイルを

相談内容

櫻井先生、こんにちは。現在55歳の公務員です。

うちには25歳と28歳の娘がいます。下の娘は上京《じょうきょう》していますが、上の娘は実家住まいで、1年前に結婚した後も金銭的な都合と称《しょう》して娘婿《むすめむこ》と一緒に我が家に住み続けています。

しかし今後のことを考え、私たち夫婦は設備の揃《そろ》ったマンションに住み替えようと思っているため、娘夫婦にも自立してほしいと思っています。そんな状況なのですが、娘夫婦をどのように説得したらよいでしょう?

よろしければご意見ください。

（55歳　公務員夫）

櫻井先生の回答

一戸建てを売却《ばいきゃく》して、夫婦二人暮らしにちょうどよいマンションに買い替えたい。それは、とてもよい考えですね。

駅から近い場所のマンション、段差《だんさ》のないマンションなら、足腰が弱くなっても不満が少なく、オートロックを備《そな》えているなどセキュリティ面が充実《じゅうじつ》しているマンションであればシニアの二人暮らしに最適《さいてき》でしょう。

さて問題は、娘夫婦が転《ころ》がり込んでいることですね。娘はともかく、娘婿の面倒《めんどう》までみたくない、と私なら思います。もちろんご質問者は、そこまでは考えていないでしょうが……。

娘夫婦は経済的事情で同居しているということは、要《よう》するにお金がないので出ていかないのでしょう。結婚して所帯《しょたい》を持った二人ならば、自立するのが当たり前。そんな奴《やつ》らは……と、私なら拳《こぶし》を振《ふ》り上げたくなりますが、まあ、かわいい娘です。ことは穏便《おんびん》に運びたいですね。

言いにくいことを切り出すときは、「前向きな話」にすることと、「その代わり……」という代案《だいあん》を用意することが大切です。赤の他人であれば、時に情け容赦《なさようしゃ》なく斬《き》り捨《す》てることもできるでしょうが、血のつながった肉親であれば、バッサリ斬ることはできません。

「前向きな話」としては、「今、一戸建てを売って、マンションに買い替えることが得」という理由づけがあります。「便利な場所のマンションに移りたい」ということは、今住んでいる一戸建ては駅から離《はな》れて生活しにくいのではないでしょうか？

そのように、駅から離れた一戸建ては人気が落ちる一方。中古で売るとすでに値段が下がっていますが、20年先、30年先では、「タダでも引き取り手がなくなる」かもしれません。

その点、駅に近いマンションは人気が落ちず、値段も下がりにくい。だったら、今のうち（売れるうち）に一戸建てを売ってしまい、駅に近いマンションに移り住む方が得のようだ、と娘夫婦に話します。そして「その場合、あなたたちは自分の住まいを確保《かくほ》しなければならない。しかし、私たちがマンションに移り住むと、あなたたちに遺《のこ》すことのできる資産が増える。それにマンションなら、私たちも暮らしやすい。あなたたちには申し訳ないが、だから協力してもらえないか」と説得するわけです。

「マンションに買い替えることは、結局はあなた方にとっても得になる……」、何とも前向きな話です。

もうひとつ、「その代わり……」という説得法について。

「私たち二人はマンションに移りたい。その代わり、二人にこの家を安く売りたいがどうだろう」と持ちかけます。

その際《さい》、相場より2割~3割安く提案《ていあん》する。場合によっては半額でもよいでしょう。安くするので、娘婿名義でローンを組み、代金を支払ってもらえないか、と持ちかけるわけです。

といっても、中古の一戸建てはローンを組みにくく、娘夫婦にローンを組むことができるかどうかは難《むずか》しいでしょう。その場合、「娘婿の実家からお金を借りる」

など、色々な手で資金調達《しきんちょうたつ》をしてもらいます。

その結果、「購入は無理」となってもよいのです。娘夫婦に「この家を買う」ことを考えさせ、自ら諦《あきら》めてもらうことに意味があります。その方が、ただ「出て行ってくれ」というより前向き、という長所もあります。なお、折衷案《せっちゅうあん》として、

●今の一戸建てからマンションに買い替えた方が、みんなにとって得である
●何ならキミたち、この一戸建てを買わないか？

と持ちかける。このように、ふたつの手を組み合わせてもよいでしょう。

一方的に追い出すわけではなく、代案を出し、「それを利用するしないはそちらの自由」として選択権《せんたくけん》を与《あた》える。これなら話を切り出しやすいのではないでしょうか。その先は、話し合い次第ですね。

2世帯間の住まいの問題は難しいですが、心を込めて話せばわかってもらえる向きもあるでしょう。がんばってください。

相談ファイル No.28

人を呼べる程度には
きちんと片付いた家にしたい
上手な片付けのコツは？

散《ち》らかすつもりはないのに、つい家の中が散らかってしまう。おかげで人を呼ぶのが恥《は》ずかしい……今回の相談者は夫婦揃《そろ》って片付けが下手で、収納上手になるコツが知りたいというものでした。しかし、櫻井先生の回答は逆転の発想《はっそう》を促《うなが》すもの。「片付け下手」が問題とは思わないというものでした。その真意《しんい》とは？

相談内容

櫻井さん、こんにちは。今日は収納のことで相談させてください。

片付け上手の人っているじゃないですか。うらやましいんですよね。どうやったら、ああいう風になれるんでしょうか？

うちは夫婦揃って、片付けが下手です。夫なんか、何でも取っておきたがるのに、腰が重くて面倒《めんどう》くさがりで、そもそも片付けようという意識がありません。「片付けなきゃ」と思うだけ、私の方がマシですけど、私も根は面倒くさがりで、計画的に収納したりすることは苦手です。空《あ》いているところを見つけては、「とりあえずしまっておく」みたいなことは当たり前で、あんまり夫のことは言えません。

さすがにゴミはちゃんと捨《す》てるようにしていますが、これだけ散らかっていると、恥ずかしくて人は呼べません。せめて人を呼べる部屋にしたいです。楽にできる収納のコツがあれば、教えてください。


（34歳　女性）

櫻井先生の回答

「片付け上手」がもてはやされるようになったのは、いつ頃からでしょうか。

私の記憶では、辰巳渚《たつみなぎさ》さんが『「捨てる！」技術』という本を宝島社《たからじましゃ》新書から出した2000年頃からではないか、と。同じ頃、同じ宝島社で、何冊も売れない本を出していた私は、「売れる！」技術を教えていただきたいものだと、うらやましく思っていたものです。

その辰巳渚さんは、2018年6月にバイク事故で亡くなりました。享年《きょうねん》52歳。生きていれば、その後も世の中の役に立つベストセラーを出し続け、私をうらやましがらせたはずだったのに、とやるせない気持ちになります。

『「捨てる！」技術』は画期的《かっきてき》な本でした。

というのも、それまでの日本は、「物を粗末《そまつ》にしてはいけない」「使えるうちに捨てるなんて、バチ当たり」とされていたからです。

いらない、と思っても、いずれ必要になるときがくる。だから、大事に持ち続けと、捨てていいんです、いや積極的に捨てましょう、と勧《すす》めてくれて、「とりあえず仕舞《しま》っておこう」の呪縛《じゅばく》から解《と》き放《はな》ってくれた本が『「捨てる！」技術』でした。

今の世の中では考えられませんが、『「捨てる！」技術』が出たとき、「おお、そんなこと言っちゃうんだ」と驚《おどろ》いた人が大勢いました。「知らないよー。そんなこと言ったら、先生に怒られちゃうから」というような気持ちでしたね。

物を大事にしましょう、というのは、物を持ちたくても持てない人が多かった時代の教えです。総《そう》じて物の値段が高く、個人で所有できる「物」が少なかったから、「大事にしましょう」とされたわけです。

日本人が使い切れないほどの物を持つことができるようになったのは、平成バブル以降でしょう。といっても、バブルのときにお金をジャブジャブ使って買い物しまくったからではありません。バブルのとき、湯水《ゆみず》のようにお金を使ったのは一部の人だけです。

バブルを知らない人たちは、その時代、すべての人が買い物と遊びに狂《くる》っていたと想像《そうぞう》しがちです。が、多くの人は普通に暮らしていたのが実情《じつじょう》で、30代半ばだった私も忙《いそが》しく仕事をしていました。恩恵《おんけい》は、タクシーの使用に対する締《し》め付けが緩《ゆる》く、タクシーを使いやすかったことですが、そのタクシーはなかなかつかまらず、乗車しても道路の渋滞《じゅうたい》が多く、困《こま》ることのほうが多かったという思い出しかありません。

それでも、いい思いをしなかったおかげで、生き残れたとも考えられます。バブル期にいい思いをした人はその後、破綻《はたん》して行方不明になったり、病気、事故、自殺で早死にしたり……私の周囲でも、いつの間にか消えてしまった人の数は二人や三人ではききません。

バブルは、文字通り、表面にだけ現れた「毒気のあるアブク」のようなものだったのです。

多くの人の持ち物が増えたのは、バブルが弾《はじ》けた後に生じたデフレの時代からです。

安くて、お洒落《しゃれ》な服があふれ出し、100円ショップが隆盛《りゅうせい》を極《きわ》めて、多くの人が大量の品物を買えるようになりました。

ファストファッションで気に入ったセーターを3000円で購入できるようになり、その値段なら色違いで2着目を欲しいと思うようになりました。さすがに2着目は買わないのですが、セールになると財布《さいふ》のひもが緩みます。

気に入ったセーターの色違いがシーズン終盤《しゅうばん》に半額以下の1290円で売られ、そうなると2着目を買うことを止められません。最終的に990円まで下がったら、3着目も……。そんな買い物の仕方、昭和時代には考えられませんでした。

1990年代の後半から、デフレで日本人の生き方は変わってゆきました。そのデフレはバブルによってもたらされたものと考えることができます。

だから、バブルが日本人の生活を変えるきっかけになった、と私は考えています。バブルで買い物しまくったのは一部の人だけ。しかし、デフレで買い物が多くなってしまった人は大勢います。物が安くなり、たくさんの物が買いやすくなったのに、「捨てるなんてバチ当たり」の教えが生きていました。

そのときにいち早く出版された『「捨てる!」技術』は、新しい生活の仕方を導《みちび》いてくれる一筋《ひとすじ》の光明《こうみょう》のようにみえたものです。

そのインパクトが強烈《きょうれつ》だったために、「物をどんどん捨てる」ことや「多くの物を持たない」こと、そして「多くの物を持っていないように見せる」ことが美徳とされるようになってきました。

そこから、片付けブームやミニマリストのブームが始まった、ように思えます。

そのように考えてみると、ご質問者のご主人は、古い教えをしっかり守っていらっしゃるのではないでしょうか。「モノを大事にする」のは、やはり美徳なので、「とにかく捨てろ」とは言い切れません。

モノを大事にするのはいいけれど、少しは片付けてよ、ということでしょう。

今の世の中、片付け上手と片付け下手では、「片付け上手」のほうが高く評価《ひょうか》されます。それどころか、片付け上手でないと幸せになれない、お金持ちになれない、とまで言われてしまい、私を含《ふく》めて片付け下手には、肩身《かたみ》の狭《せま》い世の中です。

ご質問者も、片付けが苦手のようですね。しかも、夫婦揃って……。ご質問を読んで、真っ先に浮かんだのは、「夫婦ともに片付け下手でよかった」との思いです。万一、連れ合いが片付け上手というか「片付け命!」の性格だったら、大変です。ご質問者は始終文句《しじゅうもんく》を言われ、指導される身になっていたはずです。これはお互いにとって不幸なことです。

片方は「片付けられない」で、片方は「片付けないと、我慢《がまん》できない」となると、お互いにストレスが溜《た》まり、ケンカが絶《た》えません。それ以前に、「この人とは一緒に暮らせない」ということになり、結婚しなかった可能性もあります。

なぜ、そのようなことを言い出すのか、というと、実は私、「片付け上手」が善で、「片付け下手」が悪だとは考えていないのです。

もちろん、片付けた部屋のほうが、片付けていない部屋よりも、気分はよいですね。しかし、「過《す》ぎたるは及《およ》ばざるがごとし」と言われるとおり、「片付け過ぎ」というのも、困ったものだと考えているのです。

そう考えるようになったのは、「片付け上手」とされる人から悩みを聞いたことが原因です。

「片付け上手」の人は、「だらしなく暮らしても、平気」という性格なら、どんなに楽か、と悩みを打ち明けてくれました。


たとえば、友人数人と箱入りのおまんじゅうを食べていたとき、まんじゅうが12個入った箱の「空きスペース」から目が離《はな》せなくなるといいます。

最初12個入っていた箱に3個の空きスペースが生じ、それが4個になり5個になると、もう我慢ができない。自分でもうひとつのまんじゅうをとり、残り6個にしてから、箱を半分の大きさに作り替えてしまう。

ぴったり6個入った箱と蓋《ふた》ができあがったところで、満足するのです。

さらに、友人に出した湯飲みが空き、新たなお茶を勧めても「もう、結構」と言われると、湯飲みを洗《あら》って拭《ふ》き上げて食器棚《しょっきだな》にしまう……とにかく片付けたいんですね。

客が来ている前で片付けを始めれば、「もう帰って」と言っているのも同様でしょう。だから、そんなつもりではない、ゆっくりしていってね、と言い訳しながら、湯飲みを洗う。そんなことをしなければならない性格が嫌《いや》で嫌で仕方がないというのです。

ご質問者の家であれば、まんじゅうの箱の空きスペースなど気にせず、空いた湯飲みなど放《ほう》って話を続けるでしょう。友人からしたら、そのほうがずっと楽しいはずです。

前に徳川家康《とくがわいえやす》の遺訓《いくん》とされる言葉を紹介しました。

改めて、記《しる》すと、次の言葉です。

人の一生は重荷《おもに》を負《お》うて遠き道を行くがごとし
急ぐべからず
不自由を常と思えば不足なし
こころに望みおこらば困窮《こんきゅう》したる時を思い出すべし
堪忍《かんにん》は無事長久《ぶじちょうきゅう》の基《もとい》、いかりは敵と思え
勝つ事ばかり知りて、負くること知らざれば害《がい》その身にいたる

おのれを責《せ》めて人をせむるな
及《およ》ばざるは過《す》ぎたるよりまされり

今回注目したいのは最後の一節《いっせつ》です。

「及ばざるは過ぎたるよりまされり」

一般的に言われるのは「過ぎたるは及ばざるがごとし」です。「やりすぎ」は、「不十分」と変わらない。どっちもダメ、というのが一般的な解釈《かいしゃく》ですが、家康の遺訓では、「不十分のほうが、やり過ぎよりもよい」と言っています。

世の中には、やり過ぎてしまったら、もう後戻《あともど》りができないことがあります。たとえば、彫刻《ちょうこく》で人の顔を彫《ほ》るとき、目を大きくしすぎたら、もうやり替えができません。でも、目が小さかったら、それを大きくするのは容易《ようい》です。不十分なことは、その後の努力で不足を補《おぎな》うことができる。そのほうがいいよね、という教えだと考えられます。

これは、片付けに当てはめると、片付け過ぎる人は、セーブすることが難《むずか》しい。でも、片付け下手は、努力で家の中をきれいにすることはできる、となります。

ご質問者は、ほんのちょっとだけ努力すればよいのです。そう考えれば気が楽になるのではないでしょうか。


片付けに関して、もうひとつ言わせてください。

文中で紹介《しょうかい》した「片付け上手でないと幸せになれない、お金持ちになれない」を気にすることはありません。

だいたい、片付け上手かどうかは、性格や仕事の性質によって左右されます。

たとえば、手作業を行う職人さんは、片付け上手でないと、よい仕事はできないとされます。確かに、仕事場が整理整頓《せいりせいとん》されている職人と乱雑《らんざつ》な職人がいたら、前者に仕事を頼《たの》みたくなります。だから、整理整頓が上手な職人は仕事が増え、お金持ちになれそうです。

しかし、アインシュタインやスティーブ・ジョブズ（Appleの創始者《そうししゃ》）の仕事場は、残された写真を見る限り乱雑としており、片付け上手とはかけ離れています。でも、スティーブ・ジョブズを超える財産を築《きず》いた職人さんは滅多《めった》にいないでしょう。おそらく、アインシュタインやスティーブ・ジョブズのように、いろいろなことを同時に考えるタイプの人は片付けが苦手なのだと思います。

一方で、職人さんのように、ひとつの仕事に集中し、それが終わったら、次の仕事にとりかかるタイプの人は、仕事の区切りをつけるため、一度身の回りをまっさらな状態に戻す。だから、片付きがよいのだと思います。

では、家事を受け持つ主婦はどうでしょうか。

ひとつの仕事をきっちり終わらせてから、次の仕事にかかる、というわけにはいきません。もう少しで洗濯物《せんたくもの》をたたみ終える、と思っても、子供がそろそろお腹を空《す》かせるから、と食事の用意に取りかからなければなりません。

食事を作りながら、風呂掃除を行っていると、学校の連絡網《れんらくもう》で電話が入る……すべてが中途半端《ちゅうとはんぱ》になりやすく、そうなると家の中は片付きません。

このとき、子供がお腹を空かせてもかまわないと、洗濯物をたたみ続け、食事を作り、食べて、後片付けをしてからでないと、お風呂を掃除しない、というスタイルだったら、片付きはよくなるはずです。

でも、多くの主婦は子供のことや夫のことを考えて、同時進行の道を選《えら》びます。つまり、子供が巣立《すだ》ち、時間に余裕《よゆう》が生まれない限り、主婦は「片付けが下手」ということになりやすいのです。

でも、片付け下手の主婦は、子供の面倒見がよく、夫に尽《つ》くしているものです。きっと、ご質問者もそうなのでしょう。


ご質問者は、夫婦揃って片付けできないことを嘆《なげ》いています。

でも、それも、大きな問題でしょうか。


子供からしたら、二人揃って「片付け命!」の両親よりも、ずっと心地《ここち》よいはずです。子育てに夫婦揃って熱心である結果、片付ける暇《ひま》がないのであれば、それはとてもよいことです。

子供が疑問《ぎもん》に思うことに、夫婦揃って真剣《しんけん》に答えようとする。子供が求《もと》めるモノを作ってあげる……それに熱中するあまり、家の中が雑然《ざつぜん》としているのであれば、何も恥じることはありません。

片付けなんて、その気になれば、いつでもできます。

しかし、片付けしないではいられない人に、片付けを我慢させることはできません。できないことはない、としても大きな苦痛が伴《ともな》います。

太っている人が痩《や》せるのは大変とされますが、今までずっと痩せていた人が太るのは、もっと大変です。朝早起きできない人は自分を責《せ》めますが、朝早く目覚めてしまう人に、もっと寝てろ、といってもそれは無理な注文なのです。

いずれも、その性癖《せいへき》が世間一般に認《みと》められやすいか、認められにくいか、の問題に過ぎません。

しかし、その「認められる」「認められない」の価値基準は、時代によって変わる可能性があります。

なにしろ、長い間「捨てるな」と言われてきたことが、急に「捨てろ」と言われるようになってしまったのですから。

相談ファイル No.29

購入と賃貸で意見の相違《そうい》
マンションに住むなら
どちらがいいの？

マンションに住む場合、購入と賃貸のどちらがいいかは、人によって意見が分かれるところでしょう。ずっと賃貸で育ってきた相談者は賃貸の方がいいと考えていますが、結婚を意識している彼女は購入を希望。果たして、どちらがいいのかという相談に対して、櫻井先生の回答は具体的な例に基《もと》づくものとなりました。

相談内容

はじめまして。28歳男です。

交際中の彼女とお互い結婚を視野《しや》に入れ同棲《どうせい》をしており、休みの日には結婚後のあれこれやマイホームなど将来について話題が上がります。

先日も、「新築マンションの場合、購入か賃貸か」という話をしていたのですが、彼女は購入派だそうです。

彼女が子供の頃に社宅から新築の持ち家に引っ越し、やっと「実家」という感覚を持てたみたいで、子供を育てるなら購入した家がよいという意見でした。他にも、長くお金を払うなら、借りるのではなく、購入して財産にした方がよいのでは？ということも言っていました。

一方、僕はずっと賃貸育ちで賃貸に不便を感じたことはなく、賃貸派。何か困《こま》りごとや不便があったときには引っ越しやすくてよいと思います。

僕たちはすぐに購入するわけではないのですが……大事なことなので、結婚する前に相談しておきたいと思いました。
櫻井先生は今まで本気で悩んでいる人の相談をたくさん受けてきたかと思います。大勢の人を見てきて思うことがあれば教えてください。

（28歳　会社員男性）

櫻井先生の回答

ご結婚おめでとうございます。
結婚に際《さい》し、二人で話し合っていらっしゃるのですね。とても大事なことです。
さて、結婚後の住宅観ですが、私の経験からすると「一生賃貸でよい」と考えるのは男性に多いですね。反して女性は「マイホームを持ちたい」という考えに傾《かたむ》きがちです。女性にマイホーム志向《しこう》が強いのは、色々な理由があると思います。多くの場合、女性は家で過ごす時間が長くなります。長い時間を過ごす家は、思い通りにできる場所であってほしい、という気持ちが強くなるものです。

また、女性は老後の不安をなくしたいと考え、マイホーム志向が強くなる傾向《けいこう》もあります。結婚するお二人が同年代の場合、平均寿命《じゅみょう》の差で女性の方が長生きする可能性が高くなります。賃貸暮らしでご質問者が先に亡くなった後、遺《のこ》された奥様が年金だけで賃貸の家賃を払うのは大変です。サービス付き高齢者住宅などに入るのにも苦労するでしょう。

彼女にこのような老後の不安をなくしてあげるには、現役時代にコツコツ貯金をして、ある程度のお金を遺す必要があります。ところが、子育てをする間はなかなか貯金などできません。

たとえば、仕事をリタイアする65歳くらいまでに1500万円貯《た》めようとする場合、現在28歳のご質問者には37年の猶予《ゆうよ》があります。37年間に1500万円となると、毎年約40万円。毎月3万3333円。それくらいなら、簡単《かんたん》にできそうに思えます。

ですが、実際には家賃を払いながらそれだけ節約《せつやく》するのはかなり大変です。そして、100万円、500万円と積《つ》み上がっていく貯金を取り崩《くず》さず、守り続けて増やすのはさらに大変です。

では、分譲《ぶんじょう》マンションを買った場合はどうなるでしょう？

今、郊外《こうがい》で物件を探すと、家賃並の金額でローン返済《へんさい》と毎月の管理費・修繕《しゅうぜん》積立金をまかなうことができるマンションが見つかります。そんなマンションを購入した場合、毎月の支出は賃貸を借りているときの家賃とほぼ同じ。ただしその場合も、貯金はできないでしょう。

しかし、そこで分譲マンションを購入すれば35年後にはローン返済が終わり、以後の支出は毎月の管理費・修繕積立金と年1回の固定資産税だけです。ご質問者が亡くなった後も、彼女に「住むところがなくなる」事態《じたい》は避《さ》けることができます。

しかも、サービス付き高齢者住宅に移るときは、そのマンションを中古として売却《ばいきゃく》し、資金を調達《ちょうたつ》することができます。駅から徒歩圏のマンションであれば、値下がりしたとしても、購入時の半額程度で売却できます。

3500万円で新築購入したマンションであれば、1750万円程度が手に入ります。仲介手数料や他の経費を引いても、1500万円以上は残るでしょう。たとえ貯金がゼロでも、分譲マンションを買っていれば、1500万円を大きく超える現金が手元に残るのです。

失礼ながら、万一ご質問者が若くして亡くなったときのことを想像《そうぞう》してみてください。

その場合、住宅ローンについている団体信用保険によってローンは完済《かんさい》されます。以後、住宅ローンの返済はなく、家族は管理費・修繕積立金・固定資産税だけの支出で同じマンションに暮らし続けることができます。

これに加えて生命保険があれば、遺された家族はどんなに心強いことか。「子育てを考えたら、マイホームの方がよい」というのは、そういう安心も考えてのことだと推測《すいそく》されます。

ご質問者が亡くなったときの話ばかりしてしまい、申し訳ありません……。

でも、結婚して相手と子供の人生を託《たく》されるのですから、世帯主としてはそこまで考えておく必要があります。

結婚すれば、色々な自由がなくなります。でも、その代わりに得られる喜びも大きなものがあります。代償《だいしょう》を払わなければ得られない幸せがあるのだと、私は考えています。

会社を辞《や》めて独立し自分の力を試《ため》したいが独立すると苦労する？

会社から独立し、自分一人の力で勝負してみたいというのは、仕事に自信のある人なら一度は思うことなのかもしれません。しかし、それを実行に移すのは勇気がいること。自身もフリーランスとして、大変な苦労を乗り越えてきた櫻井先生は、その現実的な厳《きび》しさと、苦労ゆえのやりがいを存分《ぞんぶん》に語ってくれました。

相談内容

32歳の編集者です。いろいろ思うところがあり、会社を辞めて独立することを考えています。

今の会社で働いてもうすぐ10年。今ではまわりを引っ張る存在となり、脂《あぶら》が乗っているところだと思います。毎日忙《いそが》しいですし、充実感《じゅうじつかん》がまったくないわけではありませんが、このところ惰性《だせい》で仕事をしているような気がしてなりません。

実力が正当に評価《ひょうか》されていないように感じるときもありますし、もっと自分の可能性を広げてみたいです。仕事には自信がありますし、人脈《じんみゃく》も広げるように努力してきました。

ただ、やはりフリーランスになることには、不安もあります。

まず社会的な信用は大丈夫でしょうか？　たとえば住宅ローンを組むにしても、すんなり組めるものですか？　今は手厚い社会保障《しゃかいほしょう》もグッとレベルが落ちるだろうし、病気やケガをして働けなくなったら困《こま》るだろうと思ったりもします。

独《ひと》り身《み》なので、自分一人くらいどうにでもなるだろうし、実力で勝負しながら充実した毎日を送るには、リスクを負う覚悟《かくご》がなければ、何もできないことはわかっています。

それでも、決定的な不満がない中、いざ飛び出すには勇気もいります。そこで、背中を押してもらうために、フリーの大先輩《だいせんぱい》である櫻井先生に相談してみることにしました。

櫻井先生はフリーになるとき、どんな心境でしたか？　迷《まよ》いはなかったでしょうか？　また、フリーになるにあたって、気を付けておいた方がいいこと、準備しておいた方がいいことなどがあれば、あわせて教えてください。

よろしくお願いいたします。

（32歳　会社員男性）

櫻井先生の回答

別のご質問でも書きましたが、人間死ぬときに「あれをすればよかった」と後悔《こうかい》することがふたつある、とされます。
ひとつは、離婚。もうひとつが独立です。

離婚に関してはすでに回答しました。今度は、独立ですね。
私が独立するとき、こんな記事を読んだことがありました。

「会社を辞め、独立する人は、生命保険を解約《かいやく》する覚悟がなければならない」

お名前は忘れましたが、独立企業《きぎょう》を数多く支援《しえん》されてきた方のお言葉です。それを読んだとき、私は「生命保険を解約するのはキツいなあ」と思いました。
家族のために、生命保険は残しておきたい。解約しなければならない事態《じたい》には陥《おちい》らないようにしよう、と。

しかし、実際には、生命保険はすべて解約し、クレジットカードのローンとキャッシングにはすべて手を出し、いわゆるサラ金からもお金を借りて、もうこれ以上どこからも借りることができない、というところまで落ちました。

「5年間は沈《しず》むだけ」と、別の本に書いてありました。なんで5年なのか、誰でも5年なのか、その理由や根拠《こんきょ》は示されていなかったので、半信半疑《はんしんはんぎ》というかほぼ疑《うたが》っていたのですが、見事に5年間、沈み続けました。

どうしてだかわかりませんが、「5年間」と「借りるところがなくなるまで借りる」というのが、世の中の仕組みとして決まっているようで、私はしっかりその通りのルートを通りました。

5年かけてどん底《ぞこ》まで沈んで、ようやく浮かんできました。

私の仕事は、文章書きです。その当時、幸《さいわ》いなことに何冊も本を出すことができ、出した本がヒットすれば、印税《いんぜい》として大金が入ってくることになっていました。

そこで、ヒットを目指して本を出す。

でも、売れないんですね。

次も、売れない。

売れなければ、収入も最小限なので、生命保険を解約したり、他から借りて生活費を調達《ちょうたつ》しなければなりません。借金がかさみ、「次の本が売れなければ、大変なことになる」という時期が来ました。

でも、売れません。

その次の本は「今度、売れなかったら、本当に大変なことになる」と悲壮《ひそう》な思いです。でも、売れない。「次こそは、売れる本を出す。そうしないと、本当に本当に大変だ」と意気込《いきご》んでも、また売れません。

その繰《く》り返しを20冊ほど行っているうちに、あることに気づきました。

今度の本が売れなかったとしても、自分はまた、次の本を出す。
諦《あきら》めることなく、本を出し続けるのなら、売れなくても大丈夫だな。

なんとも、ノー天気な発想《はっそう》ですが、そう考え始めてから、悲壮感がなくなりました。そんなに思い詰《つ》める必要はない、と開き直ったわけですね。

開き直ったときから、少しずつ歯車が絡《から》み合い始めた気がします。

本が売れることはその後もなかった（笑）のですが、他の部分で仕事が増えてきて、借金生活から抜け出すことができるようになりました。

独立起業する、ということは、そのような厳しさを伴《ともな》うことなのです。しかし、会社勤めをしている間は、「生命保険の解約は、できればしたくないなあ」と思ってしまいます。生命保険の解約など、厳しさの始まりでしかないのにです。

独立は厳しいものです。

たとえば、事前の準備として、信用のある会社勤めをしているうちに、クレジットカードを作っておけば、独立後に借りられるお金の額は増やせます。しかし、そんなことで乗り越えられるようなものではありません。作っても、作らなくても結果は同じ「借金まみれ」です。

どうせ、借金だらけになるのなら、与信《よしん》は少ないほうがよいでしょう。

つまり、1000万円借りることができる人は1000万円まで借りてしまいます。500万円までしか借りることができない人は500万円で止まります。

そのお金はいずれ返さなければならないので、500万円しか借りることができないほうが、傷が浅くなってよいわけです。

フリーの場合、住宅ローンは組みにくいですね。でも、独立後仕事が軌道《きどう》に乗るまで、マイホームを買うなんて、夢のまた夢です。なまじマイホームを買っても、手放《てばな》すか、差《さ》し押《お》さえられるのがオチです。

仕事が軌道に乗ったら、マイホーム購入の方法、住宅ローンを組む方法はいくらでもあります。

「会社勤めではなく、個人事業主で、昨年の収入はこれ、貯金はこれ」と説明すれば、販売センターの販売員が最良の購入方法を考えてくれます。

車を買うときも同様。仕事が軌道に乗れば、何も支障《ししょう》はありません。問題は、軌道に乗るかどうか。そして、軌道に乗るまで耐《た》えることができるかどうかです。その道は決して楽ではありませんし、妻の全面的な協力も必要です。

でもねえ、と思います。

会社勤めをしていても、今は不安がいっぱいです。この会社に勤めていれば、もう一生安泰《あんたい》とはなりません。だったら、賭《か》けに出て、自分の実力を試してみるのもいいのでは、と私は考えます。苦労は並大抵《なみたいてい》ではありませんが、逆にやりがいも一入《ひとしお》です。沈み込んでいた5年の後半、苦労を分かち合った妻が言った言葉を私は忘れることができません。

「でも、今、生きてる、って実感がする」

相談ファイル No.31

両親が海外移住を検討中 応援《おうえん》してあげたいけど 不安もあり複雑《ふくざつ》な心境《しんきょう》

突然、両親から海外移住を検討していることを告げられた社会人１年目の相談者。応援してあげたいと思いつつも、不安や寂《さび》しさも覚えます。気持ちよく送り出してあげた方がいいのか、それとも素直な気持ちを伝えた方がいいのか、そんな悩みに対し、櫻井先生は海外移住の現状を踏《ふ》まえたアドバイスを送りました。

相談内容

社会人1年目の新米《しんまい》OLです。来年、両親が揃《そろ》って60歳を迎《むか》えるのですが、そのタイミングで仕事を辞《や》めて、海外に移住することを考えていると言われました。いきなりの話で驚《おどろ》きましたが、私の意向も尊重《そんちょう》してくれるということなので、どうしたものか相談させてください。

私の両親はアクティブで、以前から海外旅行にはよく行っていました。私も高校生まではよく連れていってもらいましたが、近年は毎年二人でどこかに出かけており、トータルで20カ国くらいは行ったことがあると思います。

だからといって、海外移住を考えていたとは、夢にも思いませんでした。二人とも海外暮らしの経験はなく、語学が堪能《たんのう》なわけではありません。簡単《かんたん》な英会話程度なら、何となく通じるといったレベルです。だから、言葉の壁《かべ》が心配ですが、まったく問題ないとのこと。資金も必要だと思いますが、退職金も出るし、お金の心配もまったくないと言われました。

思えば、父も母も「日本は窮屈《きゅうくつ》だ」と昔からよく言っていました。私を育てあげたこともあり、日本での生活にもう心残りはないとのこと。仕事も十分やったから、還暦《かんれき》を機に引退して、憧《あこが》れだった海外生活を実現したいと言っていました。どこの国に移住するかは、いくつか候補があり、その中からじっくり検討するそうです。

私としては応援してあげたい気持ちはありますが、不安もあります。治安は大丈夫か、うまく溶《と》け込めるか、病気をしたらどうするのか……。

いくら海外が好きでも、生活するとなると、旅行とは違うと思います。それにテレビ電話とかで様子はわかると思いますが、ずっと一緒に暮らしてきた両親と簡単に会えなくなるのも寂《さび》しいです。正直に言うと、私も働き始めたばかりだし、もう少し待ってくれないかなと思う気持ちもあって、複雑な心境です。

住まいを海外に移すって、どうなんでしょうか？　大丈夫でしょうか？　気持ちよく送り出してあげた方がいいと思いますか？

（23歳　会社員女性）

櫻井先生の回答

ご両親は、60代に入るところ。まだシニアではなく、壮年《そうねん》と呼べる年齢です。そろそろ各種サプリメントを飲み出す世代ですが、サプリや目薬での改善が十分に望《のぞ》めます。

そのように壮健《そうけん》な年代でリタイア生活に入ることができるとは、うらやましい限りです。もう働かなくてもよい、という経済的な見通しがあるのでしょう。

その経済的な見通しでいえば、物価の安い国、たとえば東南アジアのどこかの国に移住するのはわるくありません。

年金収入だけでメイドを雇《やと》うことができるので、家事から解放《かいほう》されます。ゴルフやエステの料金もびっくりするくらい安いですね。遊んで暮らせる老後を夢見ていたのなら、東南アジアへの移住を止めることができません。

懸念《けねん》はふたつですね。

ひとつは、ご質問者も書いておられるように、病気になったときの不安です。実際、夫婦のどちらかが重い病気になったことで、海外生活を切り上げ、日本に戻ってくるシニアは少なくありません。

夫婦ともに、元気に遊び回れるときは、物価の高い日本にいるよりも、東南アジアで物価が安くて治安《ちあん》のよい国に移住するのは魅力的《みりょくてき》です。

ただし、それは、「夫婦ともに元気なうちは……」という但《ただ》し書《が》き付きです。どちらかが病気になれば、言葉が通じない異国《いこく》で、夫婦二人だけでいることの不安が高まります。それよりは、言葉が通じて、親族、友人が多い日本に戻りたくなるわけですね。

もうひとつの懸念は、「遊んでいるだけの生活、何もない生活は、いずれ飽《あ》きる」ということです。

何もせず、ボーッとしている時間は、忙《いそが》しい毎日の中にあってこそ、ありがたみが感じられるもの。毎日、ボーッとしているだけの生活が続くと、何もしないことが苦痛になります。

インターネットが普及《ふきゅう》した現在、海外にいても、日本の映像《えいぞう》やニュースにリアルタイムに接《せっ》することができます。そのため、「日本を離《はな》れる寂しさ」は以前より少ないでしょう。それでも、刺激《しげき》のない生活に飽きてしまうことはあり得ると思います。

加えると、「治安のよい国なら、安心」と書きましたが、近年は東南アジアの治安にも不安が生じています。「お金を持っている日本人」が詐欺《さぎ》や窃盗《せっとう》、強盗《ごうとう》にあうリスクも高まっています。

つまり、海外移住といっても、バラ色ばかりではなく、いずれ日本に帰ってくる可能性が高いわけです。

となると、「いつでも帰って来ることができる態勢《たいせい》」を維持《いじ》しておくことが必要になります。

具体的には、日本の住居をキープしておくことが求《もと》められます。

ご両親は、ご質問者が生家《せいか》を守り、いつでも帰ってくることができるようにしておいてほしい、と願っているのではないでしょうか。ご両親が海外生活をしている間、ご質問者が生家で一人暮らしをして、家を守るわけです。

これは、ご質問者にとって必ずしも好ましい状況ではありません。

もし、生家が都心部のマンション住戸《じゅうこ》であれば、ご質問者が一人で暮らしても、問題は生じにくいでしょう。都心なら、買い物も通勤も便利なので、一人暮らしの不便さは生じにくいからです。しかし、郊外《こうがい》の一戸建てだったら、大変です。

郊外で、駅から歩いて10分以上の場所となると、買い物も通勤も楽ではないですね。さらに、広い一戸建てに一人で暮らすことの不安もあります。細かなことをいえば、町内会の「ゴミ当番」が回ってきたときの面倒《めんどう》さもあります。


郊外の一戸建ては、親と同居しているからこそ、住《す》み心地《ごこち》がよかったのです。一人で暮らせば、不便なことだらけです。「もう、こんなに不便で怖《こわ》い家に一人で暮らしたくない」となったら、便利な場所のマンション1DKなどを借りることになります。

そうなると、社会人1年目のご質問者に、家賃負担が重くのしかかります。そして、人が住まなくなった郊外の一戸建てが傷《いた》みやすいという問題もあります。

誰も住まなくなった家でも、毎年の固定資産税は途切《とぎ》れず支払わなければなりません。もったいない話です。

結局、ご両親が海外移住する間、ご質問者が生家に住み続けることができるかどうか、という問題が浮上《ふじょう》してくるわけです。それに関しては、ご質問者は自分の意見を言うべきです。

一人暮らしするには不便すぎる、という状況であれば、「そんなこと、押しつけられても困《こま》る」と言うべきです。

郊外の一戸建てを売却《ばいきゃく》し、都心もしくは駅に近い場所のマンションに買い替えてもらえれば、不便さはなくなります。しかし、便利な場所のマンションは価格が上昇し、不便な場所の一戸建ては値段が下落している現在、郊外の広い一戸建てを売って、都心の狭《せま》いマンションに移り住むことになりかねません。

狭いマンションに親が残してゆく家財道具《かざいどうぐ》が収《おさ》まるかどうか?

そして、海外移住を切り上げて帰国する事態《じたい》になったとき、果たしてご両親とご質問者がそのマンションで暮らせるかどうか? どちらかが賃貸暮らしに切り替えられるか?

そういう現実的な問題を解決しなければなりません。

もちろん、海外移住したご両親が彼《か》の地《ち》でやりがいのある仕事やボランティアを見つけるなどして充実《じゅうじつ》した第二の人生を歩《あゆ》み、彼の地に骨を埋《うず》めるかもしれません。そうなれば、完全移住となるのですが、多くの日本人が行っているのは、日本の家を残し、いつでも帰ることができるようにしたやり方です。

その場合、残した家をどうするか、誰が守り続けるのか、が大きな問題になるわけです。「私にその役目を託《たく》されても困る」ということなら、はっきりと主張《しゅちょう》しておいたほうがよいですね。

相談ファイル No.32

まだ完成前のマンション 実物を見ないで 購入しても大丈夫？

気になる物件を見つけて、モデルルームに見学に行き、まさに希望通りだったとしても、肝心のマンションの完成はまだ先というのは、よくあることです。どんなに気に入った物件でも、実物を見ないと購入して大丈夫か不安を覚えるのは当然でしょう。櫻井先生はそんな不安解消に役立つポイントを挙《あ》げてくれました。

相談内容

櫻井先生はじめまして。昨年結婚し、マンションの購入を検討しております。

先日、夫とマンションのモデルルーム見学に行ってきました。立地や間取り、価格など私たちが希望していた条件にすごく合っていて、購入したいと考えております。

ただ、建物が完成するのはまだ先で、実物を見ずに契約してしまっても大丈夫でしょうか？

できれば、実物を見てから購入したいのですが、完成前に売り切れてしまったら後悔《こうかい》してしまいそうなので、迷《まよ》っています……。

櫻井先生、教えてください。

（33歳　女性）

櫻井先生の回答

日本では、建物が完成するはるか前、建設工事が始まったばかりの時期に販売を開始する方法が定着しています。「ここにマンションができます」と言われても、現地を見ると、基礎部分ができているだけ……。

そうなると、「この状態で決めていいのかしら」と不安になるのは当然でしょう。

その点、欧米では建物が完成してから販売を開始します。が、正確にいうと、すべて「完成」してから販売するわけではありません。欧米のマンション（コンドミニアムと呼ばれたりします）は、内装《ないそう》は手つかずで、外枠《そとわく》だけできたところで販売する「スケルトン売り」となります。

外枠だけできた建物を購入し、内部（間仕切《まじき》りや内装、設備の設置《せっち》）は、購入者がそれぞれ施工業者《せこうぎょうしゃ》に工事を依頼《いらい》します。これは、かなり面倒《めんどう》です。だから、欧米ではすべてできあがっている中古物件のほうが好まれ、実際に取引されるのも、中古物件が中心です。

そう考えると、新築で「すべて完成した状態で引き渡される」日本の方式は、わるいものではありません。新築マンションで、ある程度購入者の希望を採《と》り入れた住まいを実現するためには、建物の工事が始まった時点から販売を開始しなければならないわけです。

この日本方式では、「完成した建物を見る前に購入を決めなければならない」ことが短所となります。そこで、日本では建物外観完成予想図や建物模型《もけい》、モデルルームの見せ方が進化。最近はＶＲ技術を活用して、建物と室内を目の当《まあ》たりにできるようにしているマンション販売センターもあります。

それらの工夫《くふう》で、建物が完成したときに「実物と違う」という問題が起きないようにしています。結果、建物が完成したときに、「想像《そうぞう》していたのと違う」という不満は出にくくなっています。

たとえば、マンション内に天井が低い住戸《じゅうこ》と高い住戸がある場合、モデルルームにするのは天井が低い住戸。これで、「想像していたのと違う」という事態《じたい》が生じないようにしているのです。

そして、実際の建物ができあがり、その実物を目の当たりにしたとき、多くの人は息をのみます。それは、実際の建物が巨大で、模型や完成予想図にはない迫力《はくりょく》があるから。マンションは、実際にできあがると、模型や完成予想図よりも立派に見えるものです。


以上の工夫や状況があるため、日本では建物が完成する前に販売を行うことが長く続けられてきたと考えられます。

それでも、建設地に音の問題がないか、異臭《いしゅう》が漂《ただよ》ってこないか、など模型や完成予想図ではわからないこともあります。そこで、模型や完成予想図だけでなく、建設地にも出向いて環境《かんきょう》を調べるようにしてください。

そして、販売センターでは、疑問《ぎもん》に思うこと、不安に感じることは、何でも聞いてください。説明してもらい、納得《なっとく》してから購入を決める。それを行えば、建物が完成する前に購入を決めて、後悔することはありません。

おわりに

歳《とし》を取ると、相談を受けたくなるものだ。

不動産会社でも社長、会長職を歴任《れきにん》し、相談役に登り詰めた人がいて、盛《さか》んに「相談にきてね」と言っていた。相談に行くと、ホントに相談だけだった、とぼやく取引先が続出したのだが、それでも相談に行く人が多かったので、本人は大いに満足していたはずだ。

残念ながら、というか、幸《さいわ》いにも私もその歳になったということである。相談に答える、と本人は思っているのだが、口さがない人には、「講釈《こうしゃく》をたれている」と言われかねない。だから、「講釈タレ」と言われる前に「人生相談家」という肩書きをつけてしまった。

住宅評論家に続く、2つめの「家」である。

家を増やすのは、住宅のオーソリティを目指している人間のサガとご容赦《ようしゃ》いただきたい。

この先、別の「〇〇家」という肩書きを増やし、「家系物書き」を名乗ってみたい、と一人ほくそ笑《え》んでいる。

人生相談家を真似《まね》する人が現れたら、「元祖《がんそ》」や「本家《ほんけ》」を頭に付けて……ますますラーメン屋さんだ。

望むべきは、相談が絶《た》えないこと。

その願いを叶《かな》えてもらうため、受付場所をつくることにした。

287ページに、サイトのアドレスとそのQRコードを記しておく。

※QRコードは株式会社デンソーウェーブの登録商標です。

最後に、本書の企画・編集に奔走していただいた大隅直樹さん、装丁を引き受けていただいた株式会社ブックウォール代表・松昭教さん、素敵なデザインに仕上げていただいた上原愛美さんに感謝の意を表したい。

本当にお世話になりました。
ありがとうございました。

2020年11月22日脱稿

櫻井 幸雄

～ 櫻井先生に人生相談をしてみませんか ～

櫻井先生が自身のWEBサイトで、人生相談を行っています。相談をしてみたい方は、下記サイトにアクセスのうえ、記載された内容をよくお読みいただき、ご相談ください。

【櫻井幸雄オフィシャルブログ】
https://lineblog.me/sakurai_yukio2021/

◎ 注 意 事 項 ◎

ご相談にあたっては、以下の点について、あらかじめご承知おきください。

- 回答には時間を要します。
- すべてのご相談に回答できるわけではありません。
- 投稿された相談内容は、書籍や電子書籍等に掲載されることがあります。その際、誤字・脱字の修正など、相談内容の整理を行うことがあります。また、回答内容についても、加筆・修正などを行うことがあります。

● 装 丁 …………………………… bookwall
● 写 真 …………………………… 林　孝典
● キャラクターイラスト …… 北村 ケンジ